Ulrich Leisinger Bach in Leipzig

Ulrich Leisinger

BACH
in Leipzig

Edition Leipzig

Frontispiz: J. S. Bach. Porträt von G. E. Haußmann 1746
Einband-Vorderseite: Fotomontage Bach-Denkmal
von Carl Seffner (1908) mit dem Westportal
der Thomaskirche von 1886/88

Die Deutsche Bibliothek – CIP-Einheitsaufnahme
Leisinger, Ulrich:
Bach in Leipzig/Ulrich Leisinger. – 2. Aufl.– Berlin:
Ed. Leipzig, 2000
Engl. Ausg. u. d. T.: Leisinger, Ulrich: Bach in Leipzig

ISBN 3-361-00486-1

© 1998 by Edition Leipzig in der Dornier Medienholding
GmbH, Berlin, in Zusammenarbeit mit dem
Bach-Archiv Leipzig
2. Aufl. 2000

Die Verwertung der Texte und Bilder, auch auszugsweise,
ist ohne Zustimmung des Verlages urheberrechtswidrig
und strafbar. Dies gilt auch für Vervielfältigungen, Übersetzungen, Mikroverfilmungen und für die Verarbeitung
mit elektronischen Systemen.
Gesamtgestaltung: Atelier für grafische Gestaltung, Leipzig
Reproduktionen: Förster & Borries, Zwickau
Druck: Messedruck Leipzig GmbH
Printed in Germany
Gedruckt auf alterungsbeständigem Papier mit chlorfrei
gebleichtem Zellstoff

Vorwort 7

Bach in Leipzig 11

Bach und die Thomasschule 25

Bachs Kirchen 35

Auftragsmusiken 51

Nachwirken 65

Bach-Pflege heute 77

Bach-Spuren 83

Tagesausflüge 97

Anhang 113

Vorwort

»Bach in Leipzig« ist ein geradezu unerschöpfliches Thema: 27 Jahre, von 1723 bis 1750, hat Johann Sebastian Bach als *Director musices* und *Cantor zu St. Thomae* die musikalischen Geschicke der Stadt bestimmt, die schon damals eines der bedeutendsten Handels- und Universitätszentren im deutschsprachigen Raum war. Hier sind die meisten seiner Kirchenkantaten, das Weihnachts-Oratorium, die Johannes- und die Matthäus-Passion entstanden – Werke, die ihm von seiten der Nachwelt den Ruf eines »fünften Evangelisten« eintrugen. Diese gewiß einseitige Benennung wirft ein bezeichnendes Licht auf die Stellung, die man Bach seit dem 19. Jahrhundert in der Musik- und Kulturgeschichte beigemessen hat. In Leipzig entfaltete sich auch Bachs Talent als Lehrer zu voller Blüte: Kein anderer Komponist hat so viele Schüler zu bedeutenden Musikern herangebildet. Die in Leipzig zu pädagogischen Zwecken entstandenen Werke gehören zur Standardliteratur für Anfänger in der Musik (denken wir an das 1725 begonnene »Klavierbüchlein für Anna Magdalena Bach«) oder angehende und gestandene professionelle Musiker (beispielsweise der Zweite Teil des Wohltemperierten Klaviers, die vier Teile der Klavierübung mit Werken wie dem »Italienischen Konzert« oder den »Goldberg-Variationen«). Hier in Leipzig hat er mit der h-Moll-Messe und der »Kunst der Fuge« schließlich auch jene Werke komponiert, die viele nicht nur als ein persönliches Vermächtnis Bachs, sondern als den krönenden Abschluß einer ganzen Epoche, des Barockzeitalters, ansehen.

Die Leipziger Thomaskirche genießt durch Bach weltweit einen legendären Ruf. Wenn man sie gemeinhin jedoch als die Hauptwirkungsstätte Bachs ansieht, so hält diese Bezeichnung einer genauen Überprüfung nicht stand. Viele, auch

Thomaner und Gewandhausmusiker unter Thomaskantor Georg Christoph Biller in der Thomaskirche viele Leipziger vergessen, daß Bach als städtischer Musikdirektor die Musik in beiden Hauptkirchen, St. Thomas und St. Nikolai, betreute und daß St. Nikolai als Predigtkirche des Superintendenten in Bachs Zeit gegenüber St. Thomas manche Privilegien besaß: Bachs erste Leipziger Kirchenkantate, Bachs erste Leipziger Passionsmusik und das Weihnachts-Oratorium sind zunächst in der Nikolaikirche erklungen.

Stadtansicht vom Südosten. Stich nach F. B. Werner, um 1724

Der Thomanerchor ist nicht erst in jüngster Zeit ein musikalisches Aushängeschild der Stadt. Er verdankt sein Ansehen zu einem nicht unbeträchtlichen Teil dem Nachruhm seines berühmtesten Kantors. Der Chor trägt seinerseits durch regelmäßige Aufführungen dazu bei, daß Bachs Musik heute kein historisches, sondern ein lebendiges Erbe ist.

Der Wunsch, selbst einen Eindruck von den Wirkungsstätten Johann Sebastian Bachs zu gewinnen, zieht jährlich Tausende nach Leipzig, obgleich genau jene Vorzüge, die die Stadt stets zu einem wirtschaftlichen wie kulturellen Zentrum Europas gemacht haben – Weltoffenheit und Wohlstand, verbunden mit einem wachen Interesse an der Kultur –, leider zugleich eine Mitschuld daran tragen, daß viele historische Spuren zu Bach getilgt oder verschüttet sind.

Das Stadtbild Leipzigs wird geprägt durch die Gründerzeit. Der Abriß der Thomasschule 1902 zugunsten des Neubaus einer Superintendentur ist hierfür ein markantes Beispiel. Die Bombenhagel des Zweiten Weltkriegs taten ein übriges: Ihnen fielen beispielsweise das Zimmermannsche Kaffeehaus, in dem Bach mit seinem »Collegium musicum« Werke wie die »Kaffee-Kantate« und wohl auch die Cembalokonzerte aufgeführt hat, die Johanniskirche, in der seit 1897 seine Gebeine ruhten, und der Neubau der Thomasschule in der Schreberstraße zum Opfer.

Bei alledem dürfen wir nicht vergessen, daß sich Leipzig auch zu Bachs Zeiten ständig wandelte: In seine Leipziger Amtsjahre fallen große Bauvorhaben, die das Bild der Stadt nachhaltig verändert haben: Die Aufstockung der Thomasschule 1732 und der Umbau des Turms der Nikolaikirche um 1730 mögen als Beispiele genügen.

Im Vergleich mit den anderen wichtigen Bach-Städten – Eisenach, Weimar und Köthen – hat sich das Erscheinungsbild Leipzigs in den vergangenen Jahrhunderten wohl am radikalsten gewandelt. Dennoch ist die Aufgabe, Spuren aus Bachs Zeit aufzuzeigen, nicht unmöglich. Doch bliebe eine Darstellung auf der Basis historischen Materials fast zwangsläufig tote Geschichte, die sich nur wenigen Spezialisten erschlösse. Den meisten von uns wird der Zugang leichter gelingen, wenn wir vom gegenwärtigen Zustand – so bescheiden und unvollkommen er mit Blick auf Bach sein mag – ausgehen und unsere Phantasie, wie es wohl einstmals gewesen sein mag, durch eine Gegenüberstellung des heutigen Erscheinungsbildes mit historischen Dokumenten anregen. Nur so können wir das Einmalige einer nunmehr fast 250 Jahre währenden Leipziger Bach-Tradition und Bach-Pflege begreifen.

ORATORIUM,

Welches

Die heilige Weyhnacht

über

In beyden

Haupt-Kirchen

zu Leipzig

musiciret wurde.

Anno 1734.

Bach in Leipzig

Als Johann Sebastian Bach am 22. April 1723 zum Thomaskantor gewählt wurde, konnte das Amt bereits auf eine einhundertundsiebzigjährige protestantische Tradition verweisen. Der Dienst erforderte eine doppelte Qualifikation, da der Thomaskantor nicht nur Kirchenmusiker, sondern zugleich Lehrer an der Thomasschule war. Im 16. und 17. Jahrhundert war es fast immer gelungen, das Amt mit Bewerbern zu besetzen, die als Musiker wie als Pädagogen gleichermaßen bedeutend waren. Unter ihnen entwickelte sich das Thomaskantorat wegen der zahlreichen Messegäste geradezu zu einem überregionalen Aushängeschild der Stadt. Mit der Amtsführung Johann Kuhnaus, der von 1701 bis 1722 wirkte, konnte man allerdings nicht durchgängig zufrieden sein. Er war zwar zweifellos ein begabter und universaler Pädagoge – seine Romane gehören zu den besten literarischen Erzeugnissen der Barockzeit –, aber offenbar doch nur ein eher farbloser Musiker gewesen. Die Oper und die studentischen Collegia musica liefen der Thomaskirche den Rang in der Gunst der auswärtigen Besucher ab. Ratlos mußte Kuhnau mit ansehen, wie ihm mit dem jungen Jurastudenten Georg Philipp Telemann als Musikdirektor der 1699 wiedereröffneten Neuen Kirche eine Konkurrenz erwuchs, die ihn der fähigsten musikalischen Kräfte beraubte. Man stellte dem jungen Musiker bald sogar die Nachfolge Kuhnaus in Aussicht, ein Versprechen, dessen man sich 20 Jahre später gerne erinnerte, hatte sich Telemann – nun als Musikdirektor in Hamburg tätig – doch zum unstreitig führenden Kirchenkomponisten in Deutschland entwickelt. Einstimmig fiel im Herbst 1722 die Wahl auf ihn. Telemann zog es jedoch vor, Hamburg nicht zu verlassen, da er dort auch seinen Neigungen als Opernkomponist nachgehen konnte, während die Leipziger Oper ihre

Weihnachts-Oratorium. Titelblatt des Textdrucks von 1734

Pforten 1720 hatte schließen müssen. Auch nach Telemanns Absage war Johann Sebastian Bach für den Rat der Stadt keineswegs die erste Wahl. Lange favorisierte man Christoph Graupner, der als ein Lieblingsschüler der ehemaligen Thomaskantoren Johann Schelle und Johann Kuhnau galt und sie während seines Studiums in Leipzig als Präfekt bei Aufführungen vertreten hatte. Mittlerweile konnte er als Kapellmeister in Darmstadt auch auf langjährige kirchenmusikalische Erfahrungen und ein umfangreiches Repertoire verweisen. Ihm verweigerte aber der Landgraf von Hessen-Darmstadt die Freigabe.

Im Vergleich mit Telemann und Graupner mußte Bach als minderqualifiziert erscheinen: Ihm fehlte eine höhere akademische Ausbildung, so daß Zweifel an seiner pädagogischen Eignung auftauchen konnten. Als Klavier- und Orgelspieler stand Bach zwar in höchstem Ansehen, doch gehörte der Organistendienst nicht zu seinen Leipziger Amtspflichten. Als Kirchenkomponist konnte Bach, ehemals Konzertmeister in Weimar und Kapellmeister des reformierten Hofes von Anhalt-Köthen, nur vergleichsweise wenige, wenn auch bedeutende Kompositionen vorweisen. Schließlich berief man Bach für den Sonntag Estomihi 1723 zur Probe, für die er die beiden Kantaten »Jesus nahm zu sich die Zwölfe« (BWV 22) und »Du wahrer Gott und Davids Sohn« (BWV 23) nach vorgegebenen Texten bereitzustellen hatte. Heute ist der Name Graupner fast vergessen, und Telemann wird oft als ein Vielschreiber abgetan. Damals glaubte man aber im Recht zu sein, als man in den Ratsakten zur Besetzung des Thomaskantorats festhielt: »Da man nun die besten nicht bekommen könne, müsse man mittlere nehmen.« Nach-

Abbildung einer Kirchenmusikaufführung, möglicherweise in der Thomaskirche unter J. Kuhnau, Leipzig 1710 *(Unfehlbare Engel-Freude oder Geistliches Gesangbuch)*

dem der Rat die Zusicherung erhalten hatte, daß Bach im Falle seiner Wahl den Abschied in Köthen auch erhalten werde, wurde dieser einstimmig zum Thomaskantor ernannt. Am 5. Mai 1723 erschien Bach in der Ratsstube, wurde vom Bürgermeister Lange in sein Amt berufen und versprach »alle Treu und Fleiß«; Bach unterzeichnete dort den von einem Ratsschreiber vorbereiteten Revers, in dem seine Pflichten festgehalten waren. Die Erteilung von Lateinunterricht wurde ihm gegen eine Kürzung des Gehalts um 50 Taler im Jahr erlassen. Anschließend mußte sich Bach noch einer Prüfung durch den Theologieprofessor Johann Schmid und den Superintendenten Salomon Deyling unterziehen. Offiziell trat Bach sein Amt am 30. Mai 1723, dem 1. Sonntag nach Trinitatis, an. Im Hauptgottesdienst dieses Sonntags erklang in der Nikolaikirche die Kantate »Die Elenden sollen essen« (BWV 75) in zwei Teilen, vor der Predigt und während des Abendmahls; am folgenden Tag wurde Bach auch in der Thomasschule eingeführt. Möglicherweise ist diesem offiziellen Amtsantritt eine Mitwirkung beim Pfingstgottesdienst der Universitätskirche mit einer Aufführung der Kantate »Wer mich liebet, der wird mein Wort halten« (BWV 59) vorausgegangen. Das aufschlußreichste Dokument für Bachs Amtspflichten und die Schwierigkeiten, die sich bei ihrer Erfüllung ergaben, ist – neben der Schulordnung in den Fassungen von 1634 und 1723 – eine Eingabe an den Rat der Stadt Leipzig vom 23. August 1730, die der Thomaskantor mit den Worten überschrieb: »Kurtzer, iedoch höchstnöthiger Entwurff einer wohlbestallten Kirchen Music; nebst einigem unvorgreiflichen Bedencken von dem Verfall derselben«. Aus diesen Schriftstücken geht hervor, daß Bach mit den Thomanern die Musik für die Gottesdienste in vier Kirchen auszurichten hatte: St. Thomas, St. Nikolai,

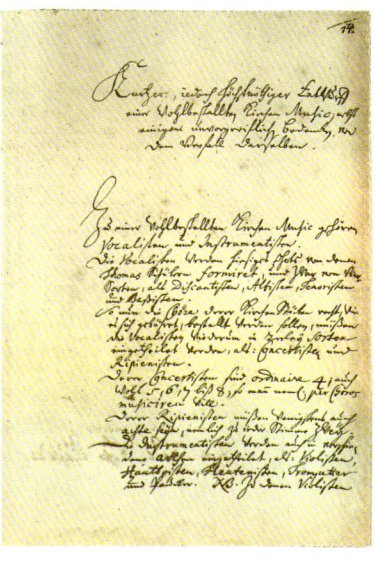

Eingabe Bachs an den Rat der Stadt Leipzig, 23. August 1730

Neue Kirche sowie St. Petri. Während in den drei erstgenannten Kirchen anspruchsvolle Musik dargeboten wurde, benötigte man in St. Petri die Knaben nur zum einstimmigen Absingen der Choräle. Die beiden Hauptkirchen St. Thomas und St. Nikolai wechselten sich wöchentlich bei den Kantatenaufführungen, die der Thomaskantor selbst leitete, ab, während in der jeweils anderen Kirche Motetten unter der An-

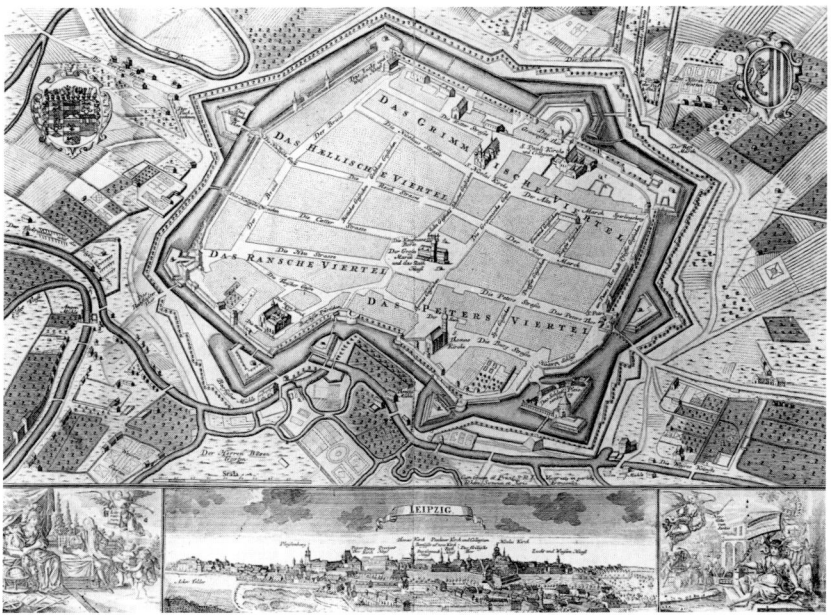

Stadtplan von Leipzig. Kupferstich, verlegt bei M. Seutter in Augsburg, um 1723

leitung eines fortgeschrittenen Schülers, eines sogenannten Chorpräfekten, gesungen wurden. Die etwa 55 Thomaner wurden hierzu in Chöre eingeteilt, wobei Bach wenigstens 36 musikalische Knaben forderte, um die Chöre ausgewogen und ausreichend besetzen zu können. In seinem Schreiben teilte Bach die damaligen Thomaner nach ihren Fähigkeiten ein und betonte, daß derzeit gerade einmal 17 von ihnen zur Musik »brauchbar« seien. Er ließ keinen Zweifel daran, daß für Kantatenaufführungen ein Orchester von 18 bis 20 Musikern vonnöten sei, so daß er über die acht Stadtpfeifer und Kunstgeiger hinaus, über deren Qualität und Kunstverständnis er sich aus »Bescheidenheit« nicht äußern wolle, regelmäßig Aushilfskräfte heranzuziehen habe, wofür ihm – entgegen früherer Gewohnheit – keine Mittel mehr bereitgestellt würden. Er müsse daher die Streichinstrumente überwiegend mit Schülern besetzen, die dadurch aber dem Chor, wo sie ebenso dringend gebraucht würden, entzogen seien. Bach erinnerte eindringlich daran, daß schon seine Amtsvorgänger Schelle und Kuhnau auf die Mithilfe von Studenten angewiesen waren, wenn sie eine »vollständige und wohllautende Musik haben produzieren wollen«. Unter Verweis darauf, daß die Musik nunmehr ganz anders als ehedem beschaffen sei und sich auch der Geschmack »verwunderens-würdig geändert« habe, beklagte er, daß die Zuwendungen für den Chor nicht, wie man erwarten sollte, erhöht, sondern fast gänzlich gestrichen worden seien. Schließlich forderte Bach den Rat auf, sich doch einmal in Dresden umzusehen, wie der Kurfürst seine Musiker besolde. Kein Wunder, daß man dort »Treffliches und Exzellentes zu hören« bekomme!

In den ersten Jahren seiner Amtszeit hat Bach mit unerschöpflicher Phantasie und eiserner Selbstdisziplin eine kaum nachvollziehbare Arbeitsleistung vollbracht. Nahezu Sonntag für Sonntag, zusätzlich noch für die zahlreichen Festtage, die man mit Gottesdiensten beging, sind Kantaten entstanden. Allerdings kam man ihm bei der Wahl der Texte soweit entgegen, daß er die Kompositionen aus seiner Weimarer Zeit (1714 – 1717) fast ausnahmslos übernehmen konnte. Mit der Neukomposition einer Kantate war es aber nicht getan: Bach mußte das von Thomanern geschriebene Stimmenmaterial korrigieren und für die Aufführung einrichten, ehe er überhaupt daran denken konnte, das Werk einzustudieren. Nur in der Fastenzeit, vom Sonntag Estomihi bis zum Gründonnerstag, und am 2. bis 4. Adventssonntag schwieg in Leipzig die Kirchenmusik. Zeit zum Verschnaufen bot dies dem Thomaskantor nicht, da die Weihnachtstage besonders festlich begangen wurden und für die Karfreitagsvesper eine große Passionsmusik erwartet wurde. Im Verlauf von zweieinhalb Jahren hat Bach fast 150 Kirchenkantaten komponiert; dem 1754 veröffentlichten Nachruf zufolge sollen im Laufe der

Zeit noch einmal ebenso viele Werke entstanden sein, von denen sich jedoch kaum 30 noch nachweisen lassen. 1724 erklang erstmals die Johannes-Passion; 1725 wurde sie in St. Thomas in stark veränderter Form erneut gegeben. 1727 wurde allem Anschein nach die Matthäus-Passion erstmals aufgeführt und wahrscheinlich bereits 1729 wiederholt; 1736 wurde sie dann in die uns geläufige Gestalt gebracht, indem Bach die doppelchörige Anlage des Werkes konsequent umsetzte.

Zeitgenossen berichten, daß Bach seinem Wesen nach aufbrausend reagierte. Gewiß war er kein guter Diplomat. Schon 1724 handelte er sich erstmals Ärger mit der Obrigkeit ein, auch in späteren Jahren kam es wiederholt zu Auseinandersetzungen: Bach war damals davon ausgegangen, daß die Aufführung der neukomponierten Johannes-Passion in St. Thomas stattfände, und hatte daher Textbücher mit einem entsprechenden Titel bereits drucken lassen. Die Kirchenvertreter hatten sich unterdessen aber auf einen turnusmäßigen Wechsel bei der Ausrichtung der Karfreitags-Vesper verständigt. Bach wurde vom Rat aufgefordert, die Textbücher neu zu drucken oder mit Aushängen auf die Verlegung der Aufführung nach St. Nikolai hinzuweisen. Bach kam dieser Aufforderung widerwillig nach, konnte es sich aber nicht verkneifen, die Ratsentscheidung als Willkürhandlung darzustellen. Zum großen Verdruß der Ratsherren konnten die Leipziger Bürger also lesen, daß Bach sein geneigtes Publikum wissen lassen wolle, daß »nach allbereit verfertigtem Druck der Passionstexte von einem Hoch-Edlen und Hochweisen Rathe beliebet worden, daß die Aufführung selbiger künftigen Freitag, geliebt es Gott, in der Kirche zu St. Nikolai geschehen soll«. Ob man ihm die Ausrede wirklich abnahm, als Fremder sei er der hiesigen Gewohnheiten noch nicht kundig? Es blieb jedenfalls bei einem bloßen Verweis.

Wir wissen wenig über Bachs Selbstverständnis als Komponist. Offenbar fühlte er sich keineswegs auf Dauer verpflichtet, stets mit eigenen neuen Werken aufzuwarten. In der ersten Jahreshälfte 1726 begnügte er sich beispielsweise weitgehend mit der Aufführung von Kantaten seines älteren

Meininger Vetters Johann Ludwig Bach und steuerte nur von Zeit zu Zeit eigene Kompositionen bei, sei es, daß die ihm zur Aufführung überlassenen Materialien Lücken aufwiesen, sei es, daß einige der gut 20 Jahre alten Kompositionen seinen Ansprüchen nicht mehr genügten.

1729 konnte er eines der studentischen Musikensembles, das sogenannte Schott'sche Collegium musicum übernehmen, das er mit Unterbrechungen bis Anfang der 1740er Jahre leitete.

Man fragt sich, ob es die Arbeit mit den hochmotivierten Studenten war, die Bach um 1730 für eine gewisse Zeit als Thomaskantor resignieren ließ. Aus diesem Jahr stammt nicht nur der bereits erwähnte »Kurze Entwurf einer wohlbestallten Kirchenmusik«, der Verbesserungen seiner Arbeitsmöglichkeiten nachdrücklich einfordert, sondern auch ein berühmter Brief an seinen Jugendfreund Georg Erdmann, der damals in Danzig tätig war. Unüberhörbar ist Bachs Unmut, wenn er etwa den angeblichen sozialen Abstieg vom höfischen Kapellmeister zum Kirchenmusikdirektor beklagt (»Ob es mir nun zwar anfänglich gar nicht anständig sein wollte, aus einem Kapellmeister ein Kantor zu werden ...«), ohne die Vorteile einer unkündbaren Festanstellung genügend zu würdigen. Als einzige Lichtblicke in Leipzig ließ er in dieser Situation die Universität als Ausbildungsstätte der älteren Söhne und die (freilich nur partiell erfüllte) Hoffnung auf ein gutes Salär gelten. Bachs Verärgerung ging damals immerhin soweit, daß er seinen Freund bat, ihn bei der Suche nach einer neuen Stelle zu unterstützen, da er sich nicht zuletzt wegen »einer wunderlichen und der Musik wenig ergebenen Obrigkeit« gezwungen sehe, sein »Fortun anderweitig zu suchen«.

Offenbar warf Bach damals ein Auge nach Dresden, wie der Seitenhieb in seiner Eingabe an den Rat der Stadt mit dem Verweis auf die dortigen Verhältnisse bereits erahnen läßt. Auffälligerweise verstärkten sich Bachs kirchenmusikalische Ambitionen wieder mit dem Jahre 1733. Er nutzte die Landestrauer nach dem Tod Augusts des Starken, in der er mit den Thomanern keine Kantaten aufzuführen hatte, zur Komposition einer Kyrie-Gloria-Messe in h-Moll, mit der er sich um einen Hoftitel bewarb. Auch in den beiden folgenden Jahren sind repräsentative Großwerke, allen voran das Weihnachts-Oratorium, ein Kantatenzyklus für die sechs Sonn- und Feiertage von Weihnachten 1734 bis Epiphanias 1735, entstanden. Überdies verstärkte Bach nach 1730 seine Publikationstätigkeit: Die seit 1726 in Einzellieferungen erschienenen Partiten (BWV 825 – 830) wurden 1731 zum Ersten Teil der Clavier-Übung zusammengefaßt; 1735 folgte ein Zweiter Teil, der mit dem Italienischen Konzert (BWV 971) und der Französischen Ouvertüre (BWV 831) belegte, daß Bach in allen Stilarten bewandert war.

Wegen des Verlusts vieler Quellen läßt sich Bachs Aufführungsrepertoire in dieser Zeit nicht sicher bestimmen, gewiß haben die eigenen Werke eine wichtige Rolle gespielt: Der Zyklus von Kantaten auf der Grundlage von Kirchenliedtexten, der sogenannte Choralkantatenjahrgang, scheint 1732/33, vielleicht auch 1734/35 wiederholt worden zu sein.

Mehr wissen wir über das letzte Lebensjahrzehnt, da sich eine ganze Reihe von Aufführungsmaterialien aus Bachs Besitz erhalten haben. Diese bestätigen einen Bericht Carl Philipp Emanuel Bachs vom Januar 1775, demzufolge sein Vater neben Georg Friedrich Händel und Georg Philipp Telemann »überhaupt alles, was in Berlin und Dresden besonders zu schätzen war«, gewürdigt habe. Dies heißt zwar nicht unbedingt, daß Werke all jener, in einer langen Aufzählung genannten Komponisten unter Bachs Leitung in den Hauptkirchen erklungen wären, auffällig ist aber für die Kirchenmusik in Leipzig der große Anteil an lateinischen Vokalkompositionen, die Bach sich in jenen Jahren verschaffte oder selbst komponierte. Ob diese Neuorientierung des Repertoires mit einer gewandelten theologischen Haltung einherging oder ob äußere Einflüsse, etwa Wünsche der Ersten Geistlichen an St. Thomas nach dem Tod des Christian Weiß im Jahre 1736, bestimmend waren, läßt sich heute nicht mehr ausmachen.

Bach litt an Altersdiabetes, die ihm in den letzten Jahren das Leben erschwerte und die Arbeit behinderte. Zu Lähmungserscheinungen, die sich seit spätestens 1748 in einer klobigen und zittrigen Notenschrift niederschlagen, kam ein kontinuierliches Nachlassen der Sehkraft. In der größten Not entschied man sich für eine Augenoperation, von deren Folgen sich Bach nicht mehr erholte. Am 28. Juli 1750 verstarb er und wurde drei Tage später auf dem Johannisfriedhof beigesetzt. In einer Zeit, in der es keine geregelte Altersversorgung gab, bedeutete der Tod für die Familie weit mehr als nur einen persönlichen Verlust. Die amtliche Schätzung des Nachlasses belegt, daß Bach trotz seiner Klagen über die teure Lebenshaltung in Leipzig, die stattliche Summe von 950 Talern hinterlassen hatte. Der Familie war es gelungen, Bachs Notenbibliothek und die literarischen Werke vor der Schätzung beiseite zu schaffen; nur die Titel von 52 theologischen Traktaten sind aufgeführt und geben der Forschung heute die Möglichkeit, über ihre Nutzung durch den Thomaskantor nachzudenken. Am bekanntesten unter den theologischen Büchern ist gewiß die dreibändige kommentierte Bibelausgabe aus dem Jahre 1681. Bach hat die Titelseiten mit seinem Namen gezeichnet und zahlreiche Stellen, vornehmlich solche, die sich auf die Kirchenmusik beziehen lassen, angestrichen und mit Randbemerkungen versehen. Die Calov-Bibel, wie sie nach ihrem Herausgeber genannt wird, nahm im 19. Jahrhundert den Weg nach Amerika und wurde 1934 in einem Farmerhaushalt in Frankenmuth/Michigan wiederentdeckt; sie befindet sich heute in der Concordia Seminary Library in St. Louis, Missouri.

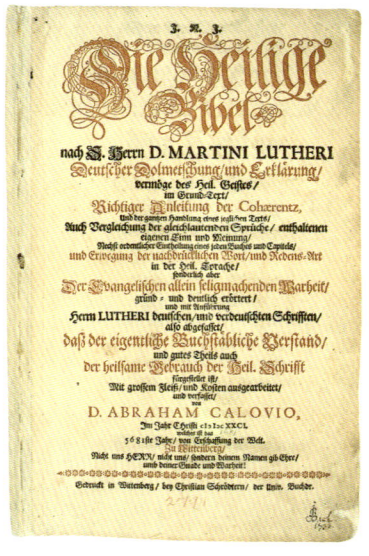

Die Heilige Bibel. Kommentierte Ausgabe durch A. Calov, Wittenberg 1681. Titelblatt des 1. Bandes mit Bachs eigenhändigem Namenszug

Das Erbe Johann Sebastian Bachs wurde zwischen der Witwe und den Kindern im Verhältnis eins zu zwei geteilt. Carl Philipp Emanuel Bach nahm seinen jüngeren Halbbruder Johann Christian in Berlin auf, Elisabeth Juliana Friederica in Naumburg betreute mit ihrem Mann Johann Christoph Altnickol den geistesschwachen Gottfried Heinrich. Für die in Leipzig verbliebenen Familienmitglieder brachen, auch wenn der Tod nicht unversehens eingetreten war, schwere Zeiten an. Die Witwe Anna Magdalena Bach erhielt nur noch einen Teil des üblichen Gnadenhalbjahrs gewährt und hatte in dieser Zeit die Musikausübung in den Kirchen zu organisieren; sie konnte dabei der Routine des Thomanerchors und der guten Ausbildung seiner Präfekten vertrauen. Spätestens zum Jahresende

Bachs Kinder

Aus der Ehe mit Maria Barbara Bach
(* 20. Okt. 1684 in Arnstadt, □ 7. Juli 1720 in Köthen)

Catharina Dorothea	~ 29. Dez. 1708 in Weimar, † 14. Jan. 1774 in Leipzig
Wilhelm Friedemann	* 22. Nov. 1710 in Weimar, † 1. Juli 1784 in Berlin
Maria Sophia	* 23. Februar 1713 in Weimar, □ 15. März 1713
Johann Christoph	* und † 23. Februar 1713 in Weimar
Carl Philipp Emanuel	* 8. März 1714 in Weimar, † 14. Dez. 1788 in Hamburg
Johann Gottfried Bernhard	* 11. Mai 1715 in Weimar, † 27. Mai 1739 in Jena
Leopold Augustus	~ 17. Nov. 1718 in Köthen, † 26. Sept. 1719

Aus der Ehe mit Anna Magdalena Wilcke
(* 22. Sept. 1701 in Zeitz, † 27. Feb. 1760 in Leipzig)

Christiana Sophia Henrietta	* wohl Frühjahr 1723 in Köthen, † 29. Juni 1726 in Leipzig
Gottfried Heinrich	* 26. Feb. 1724, □ 12. Feb. 1763 in Naumburg
Christian Gottlieb	~ 14. April 1725, † 21. Sept. 1728 in Leipzig
Elisabeth Juliana Friederica	~ 5. April 1726, † 24. Aug. 1781 in Leipzig
Ernestus Andreas	~ 30. Okt., † 1. Nov. 1727 in Leipzig
Regina Johanna	~ 10. Okt. 1728, † 25. April 1733 in Leipzig
Christiana Benedicta Louisa	~ 1. Jan., † 4. Jan. 1730 in Leipzig
Christiana Dorothea	~ 18. März 1731, † 31. Aug. 1732 in Leipzig
Johann Christoph Friedrich	* 21. Juni 1732 in Leipzig, † 26. Jan. 1795 in Bückeburg
Johann August Abraham	~ 5. Nov, † 6. Nov. 1733 in Leipzig
Johann Christian	* 7. Sept. 1735 in Leipzig, † 1. Jan. 1782 in London
Johanna Carolina	~ 30. Okt. 1737, † 18. Aug. 1781 in Leipzig
Regina Susanna	~ 22. Feb. 1742, † 14. Dez. 1809 in Leipzig

* geboren,   ~ getauft,   † gestorben,   □ begraben

1750 müßte die Familie auch die Kantorenwohnung in der Thomasschule aufgegeben haben. Anna Magdalena Bach starb in Armut am 27. Februar 1760. Die 1742 geborene, unverheiratet gebliebene Tochter Regina Susanna konnte hingegen noch miterleben, daß trotz des gewandelten Geschmacks das Werk ihres Vaters nie gänzlich verdrängt wurde und sich sein Ruhm seit 1800 beständig vergrößerte.

J. F. Agricola und C. P. E. Bach, Nekrolog, Leipzig 1754 (L. C. Mizler von Kolof, *Musicalische Bibliothek*, Bd. 3)

1754 veröffentlichte Lorenz Christoph Mizler in seiner *Musikalischen Bibliothek* einen ausführlichen Lebenslauf, den Carl Philipp Emanuel Bach und der Bachschüler Johann Friedrich Agricola verfaßt hatten. Die beiden Autoren lassen im Nekrolog die wichtigsten Lebensstationen Revue passieren: Sie berichten von Bachs Jugend in Eisenach und wie der Knabe nach dem frühen Tod der Eltern von seinem älteren Bruder Johann Christoph aufgenommen und zum Musiker ausgebildet wurde, von der kurzen Schulzeit in Lüneburg, von seinen ersten Anstellungen als Violinist am Weimarer Hof und als Organist in Arnstadt und Mühlhausen. 1708 wurde ihm die Stelle eines Konzertmeisters am Weimarer Hof angetragen; 1714 bewarb er sich erfolgreich um die Nachfolge Friedrich Wilhelm Zachows an der Marktkirche in Halle, trat die Stelle aber nicht an. 1717 berief ihn Fürst Leopold von Anhalt-Köthen an seinen Hof, ehe er 1723 das Leipziger Thomaskantorat übernahm. Agricola und Carl Philipp Emanuel Bach vergaßen auch nicht, die Ehrentitel des Weißenfelser und Kursächsischen Hofes zu erwähnen. Ein kontinuierlicher Aufstieg deutet sich in der Darstellung an, Mißerfolge, wie die fehlgeschlagenen Bewerbung als Organist an St. Jakobi in Hamburg im Jahre 1720, werden zur bloßen Konzertreise umgedeutet. Aus fast allen Lebensabschnitten wird von Reisen – nach Dresden, Hamburg und Berlin – berichtet und von dem Aufsehen, das sein Klavier- und Orgelspiel dort erregte. Nach einer Aufstellung der im Druck veröffentlichten und damit allgemein zugänglichen Werke werden die nur abschriftlich tradierten rasch zusammengefaßt; einige wenige Worte über die Familie folgen. Der Nekrolog geht weiter auf Bachs Kunstfertigkeit, seine von anderen unerreichten harmonischen Kenntnisse und schließlich seine Kompetenz als Orgelgutachter ein. Von seinem moralischen Charakter wollten die beiden Bach-Schüler nicht reden, dies vielmehr jenen überlassen, die »Zeugen seiner Redlichkeit gegen Gott und den Nächsten« gewesen seien. Nur selten entschlüpft ihnen ein Wort, das uns helfen könnte, Bach als Menschen besser zu verstehen:

»Sein ernsthaftes Temperament zog ihn zwar vornehmlich zur arbeitsamen, ernsthaften und tiefsinnigen Musik; doch konnte er auch, wenn es nötig schien, sich, besonders im Spielen, zu einer leichten und scherzhaften Denkart bequemen.«

Ein Tagebuch hat Bach nicht geschrieben. Hätte er es getan, wir wären wohl enttäuscht, denn von sich als Menschen hätte er wahrscheinlich nicht viel preisgegeben. So ist auch die berühmte »Kleine Chronik der Anna Magdalena Bach« von Esther Meynell ein historischer Roman, eine Beschreibung, wie alles hätte sein können, die jedoch allzu gerne für die Wahrheit selbst genommen wird.

Auch andere Quellen helfen uns bei der Suche nach Bach als Menschen kaum weiter; die Familienbriefe, die sein Vetter Johann Elias Bach im Auftrag des Thomaskantors schrieb, enthalten immerhin dann und wann Anspielungen auf private Erlebnisse; das meiste müssen wir uns selbst zusammenreimen. Einmal spricht Johann Elias Bach gegenüber dem Ronneburger Kantor Johann Wilhelm Koch sein Bedauern aus, daß dieser bei einem Besuch Wilhelm Friedemanns im Sommer 1739 nicht selbst in Leipzig weilen konnte, »da eben zu der Zeit etwas extra Feines von Musik passierte, indem sich mein Herr Vetter von Dresden, der über vier Wochen hier zugegen gewesen, nebst den beiden berühmten Lautenisten,

Familienporträt, angeblich J. S. Bach und drei seiner Söhne (Carl Philipp Emanuel, Gottfried Bernhard, Gottfried Heinrich?) darstellend. Ölgemälde von B. Denner, um 1733

Herrn Weisen und Herrn Kropffgans, etliche Mal bei uns habe hören lassen«. Nur aus solchen Mitteilungen können wir erahnen, was Carl Philipp Emanuel Bach meinte, wenn er im Januar 1775 an Johann Nikolaus Forkel schrieb:
»Desto mehr hatte er Gelegenheit mit braven Leuten sich mündlich zu unterhalten, weil sein Haus einem Taubenhause und dessen Lebhaftigkeit vollkommen gliche.«
Über den Umgang in der Familie wissen wir so gut wie nichts. Der Künstler und Mensch tritt völlig hinter seinem Werk zurück.

Bach und die Thomasschule

St. Thomas blickt heute auf eine fast achthundertjährige Geschichte zurück. An ihrem Anfang steht die Gründung eines Chorherrenstiftes der Augustiner im Jahre 1212 durch Dietrich von Meißen. Dem Kloster war ein Hospital, das Georgen-Hospital, zugeordnet; spätestens 1254 erhielt es ein eigenes Schulgebäude. Im Jahre 1539 führte Herzog Heinrich von Sachsen in Leipzig die Reformation ein; zu den Feiern waren auch Luther und Melanchthon geladen. Am Pfingstsamstag hielt Luther in der Pleißenburg die erste Reformationspredigt, am folgenden Tage predigte er von der Kanzel der Thomaskirche. Die Besitzungen des Thomasklosters wurden von der Stadt Leipzig übernommen. Anstelle der mittelalterlichen Klosterschule errichtete man 1553 ein neues Schulgebäude, das außer den Schulzimmern Wohn- und Schlafräume für die damals 22 Internatsschüler, die sogenannten Alumnen, sowie Dienstwohnungen für den Rektor und den Kantor enthielt.

Die Thomasschule war ehedem eine Armenschule. Die Schüler setzten sich aus Alumnen und Externen zusammen, wobei die Zahl der Alumnen im 18. Jahrhundert auf 56 begrenzt war. Nur diese wurden regelmäßig für die Kirchenmusik herangezogen. Der Anreiz, als Alumne aufgenommen zu werden, war groß, allein schon wegen der Schulspeisung und der Beteiligung an den durch die Musikausübung des Thomanerchors eingebrachten Honorare und Spenden. Die Schulordnung betonte bereits 1634, daß die Alumnen »mehr als in St. Niclas zur Musik gehalten« seien und daß von ihnen in beiden Kirchen bei Gottesdiensten, bei Leichbegängnissen und Hochzeiten sowie als Kurrende musiziert werde. Bei Neuaufnahmen ins Alumnat sei daher darauf zu achten, daß die Knaben nach Möglichkeit bereits musikalische Erfahrun-

Tür der alten Thomasschule von 1732

gen hätten und ein »Stück fertig und artig musiciren« könnten. Um zu vermeiden, daß die Musikerziehung der Anfänger ohne Nutzen für die Schule bliebe, mußten sie sich in der Regel zu einem fünf- oder sechsjährigen Aufenthalt an der Schule verpflichten.

Die Schulordnung von 1634 stand bei Bachs Amtsantritt ihrerseits zur Revision an. Bach hat allerdings, wie mancher seiner

Thomaskirche. Stich von J. G. Krügner, um 1723
(E. E. Hochw. Rats der Stadt Leipzig Ordnung der Schule zu St. Thomae)

Kollegen, die erneuerte Schulordnung vom November 1723 nur unter Vorbehalt anerkannt, da er seine Rechte zugunsten des Rektors beschnitten und sich bei der Verteilung der Zusatzeinkünfte aus Stiftungen und Schenkungen benachteiligt sah. 1733 wurden schließlich auch die Gesetze, das heißt die für die Schüler verbindlichen Regelungen, auf der Basis der Schulordnung von 1723 revidiert.

Das fünfte Kapitel der Schulordnung von 1723 handelt »Vom Amt des Cantoris, so viel die Music betrifft«. Hauptsorge des Thomaskantors sollte es sein, die musikalische Entwicklung der begabten Knaben zu fördern, gegebenenfalls auch außerhalb seiner Dienstzeit. Für die Musikstunden wurden die Schüler nach Leistung und Befähigung in zwei Gruppen eingeteilt: Ein Hilfslehrer hatte die Aufgabe, die Anfänger aus-

Thomaskirchhof

zubilden, während der Kantor mit den fortgeschritteneren Schülern arbeitete. Die Mitwirkung an den Gottesdiensten in St. Thomas und St. Nikolai brachte es mit sich, daß die fortgeschritteneren Alumnen ihrerseits in zwei Gruppen eingeteilt wurden, von denen die erste der Thomaskantor selbst, die andere der Konrektor beaufsichtigte, wobei letztere beim Gottesdienst unter Leitung eines Präfekten sang. In der

Schulordnung wurde auch daran erinnert, daß der Frühgottesdienst um 7 Uhr morgens, der Nachmittagsgottesdienst um Viertel nach 1 Uhr beginnen solle; der Kantor wurde ermahnt, die Musik nicht allzusehr auszudehnen und auf erbauliche Weise einzurichten.

Der Thomaskantor war, wie auch andernorts üblich, für die Musikalien und die im Besitz der Schule befindlichen Instru-

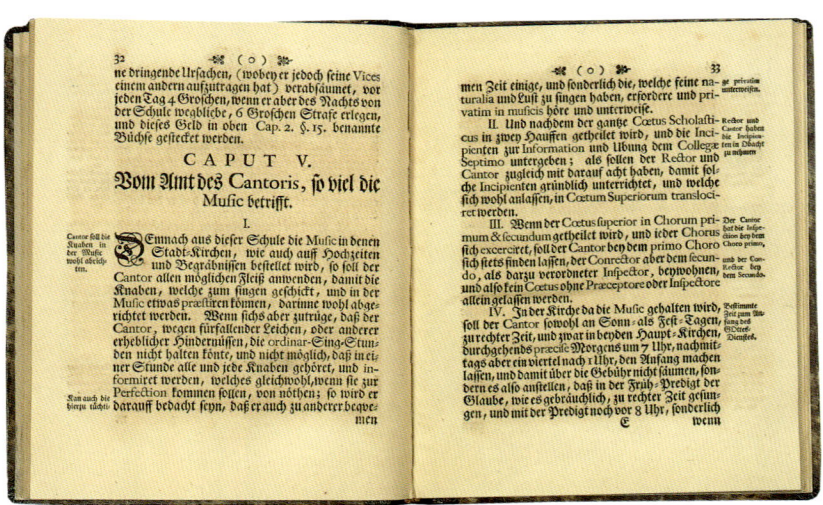

Vom Amt des Cantoris, so viel die Music betrifft, Leipzig 1723 (E.E. Hochw. Rats der Stadt Leipzig, Ordnung der Schule zu St. Thomae)

mente verantwortlich; zugleich hatte er die Aufsicht über die Organisten und die für Auffführungen in den beiden Hauptkirchen verpflichteten Musiker.

Die Bedeutung, die dem Kantorenamt an der Thomasschule beigemessen wurde, zeigt sich nicht zuletzt darin, daß der Kantor eine großzügige Dienstwohnung in der Thomasschule zugeteilt bekam, über deren Anlage und Größe wir durch zeitgenössische Dokumente informiert sind.

Die Schulräume nahmen den mittleren Teil des aus dem Jahre 1553 stammenden dreigeschossigen Gebäudes ein. Die Dienstwohnung des Kantors lag vom Thomaskirchhof aus gesehen auf der linken Seite des Gebäudes, die des Rektors auf der rechten. Die Alumnen waren in den Mansarden untergebracht. Ein Gutachten aus dem Jahre 1730 belegt, daß zu diesem Zeitpunkt die Schule, insbesondere die Rektorenwohnung und das Dach einer Sanierung bedurften. Der neugewählte Rektor Johann Matthias Gesner, Nachfolger des im Oktober 1729 verstorbenen Johann Heinrich Ernesti, bezog daher vorläufig eine Privatwohnung. Auch Johann Sebastian Bach verließ die Thomasschule und nahm mit seiner Familie Quartier im Haus des Juristen Christoph Donndorf in der Hainstraße. Die Alumnen wurden in einem Bürgerhaus untergebracht. Nach längeren Beratungen über einen Abriß des Gebäudes entschied man sich, die Außenmauern stehen zu lassen, das marode Dach abzutragen und das Gebäude bei dieser Gelegenheit um zwei Geschosse zu erhöhen. Auf diese Weise konnte der gravierende Platzmangel im Hause behoben werden. Mit dem Umbau, bei dem im Inneren möglichst wenig verändert werden sollte, wurde der angesehene Baumeister George Werner beauftragt. Der modern wirkende Vorschlag, kleine Stuben als Zwei- und Vier-Bett-Zimmer im Mansardendach einzurichten, wurde zwecks leichterer Überwachung der Schüler wieder zugunsten eines großen Schlafsaales verworfen; dafür erhielt jeder Alumne nun eine kleine Kammer mit Fenster, in der er arbeiten und auf einem Clavichord üben konnte. Um die Brandgefahr einzudämmen, blieben die Mansarden unbeheizt und unbeleuchtet.

Bei der Gestaltung der Außenfassade verzichtete Werner auf allen architektonischen Schmuck. Der Stich von Johann Gottfried Krügner aus dem Jahre 1732 macht deutlich, wie Werner durch den farbigen Anstrich und die durchlaufenden Fenstersimse den Bau optisch gliederte und wie er durch den auf vier Achsen erweiterten Erker im ersten Dachgeschoß die symmetrische Anlage des Baues unterstrich. Bedenkt man, welchen Wert man bis dahin auf künstlerischen Schmuck an Gebäuden gelegt hatte, so muß der nüchterne Anblick der umgebauten Thomasschule geradezu als Programm erscheinen. Die Baumaßnahmen schlossen den Neubau eines Wirtschaftsgebäudes ein, so daß die Küche und die Hausmeisterwohnung aus dem Schulgebäude ausgegliedert werden konnten.

In einem Festakt wurde das Schulgebäude bereits am 5. Juni 1732 wieder seiner Bestimmung übergeben. Für diesen

Zweck komponierte Bach die Kantate »Froher Tag, verlangte Stunden« (BWV Anh. 18), deren Text in 100 Schmuckexemplaren und 500 Gebrauchsexemplaren gedruckt wurde. Bachs Schulkollege Johann Heinrich Winckler leitete darin aus der Freude über das neue Schulgebäude die Hoffnung ab, daß die ganze Stadt, das ganze Land, später »Nutz und Frucht« des Lehrbetriebs genießen sollten, und er erinnerte Schüler wie Lehrer an die hieraus erwachsenden moralischen Verpflichtungen.

Da sich die Baumaßnahmen im wesentlichen auf die oberen Geschosse des Hauses beschränkten, blieb der Schnitt der Dienstwohnungen von Rektor und Kantor, die sich jeweils über drei Stockwerke erstreckten, unberührt. Man nutzte aber den Leerstand des Gebäudes, um durch einen Tausch von Nebenzimmern und Kammern die Wohneinheiten besser abzuschließen. Die Kantorenwohnung besaß seit eh und je einen eigenen Eingang vom Thomaskirchhof, ferner ursprünglich auch einen Zugang von Süden, vom Thomaspförtchen her. Im Erdgeschoß gab es außer Nutzräumen ein größeres, zu Wohnzwecken geeignetes Zimmer sowie eine Kammer. Auf halber Treppe lagen weitere kleine Kammern. Die Haupträume mit Küche, Musikzimmer, Wohn- und Komponierstube befanden sich im 1. Obergeschoß, im 2. und 3. Stock gab es weitere Wohn- und Schlafräume, schließlich gehörten auch Kellerräume und eine Bodenkammer zur Kantorenwohnung, die geräumig genug war, um Bachs große Kinderschar und die beträchtliche Zahl von Erwachsenen seines Haushalts zu beherbergen. Außer Bach und seiner Ehefrau Anna Magdalena gehörten ihm beispielsweise seine Schwägerin Friedelena Margaretha bis zu ihrem Tode 1729 und von 1737 bis 1742 sein Vetter Johann Elias als Erzieher der Kinder an. Anhand der erhaltenen Planzeichnungen läßt sich die Größe von Bachs Wohnung auf mehr als 200 Quadratmeter schätzen, auch wenn wegen der nicht im einzelnen ermittelbaren Wandstärken und der Breite der Verbindungstreppen gewisse Unsicherheitsfaktoren bleiben.

Aus musikhistorischer Sicht dürfte die Komponierstube der interessanteste Raum der Kantorenwohnung gewesen sein.

Einige Inventare und Berichte aus späterer Zeit machen deutlich, daß es sich um den Raum an der Südwestecke des Gebäudes gehandelt haben muß. Als fester Bestandteil der Stube wird eine sogenannte Köthe, ein Wandschrank mit vier Türen, beschrieben, die viele Fächer zur Aufbewahrung von Noten enthielt. Hierzu gehörten offenbar außer Bachs eigenen Werken auch einige weitere vielbenutzte Musikalien. Dies gilt

Thomasschule nach dem Umbau von 1732

beispielsweise für ein 1729 auf Ratskosten für die Thomasschule angekauftes Exemplar des *Florilegium Portense*, jener Motettensammlung des frühen 17. Jahrhunderts, die für fast zwei Jahrhunderte fester Bestandteil der Musikpflege in den mitteldeutschen Schulen und Kantoreien war. Einiges Interesse scheint Bach auch der Musik seines Amtsvorgängers Johann Schelle entgegengebracht zu haben, denn er bewahrte die 1712 durch die Stadt von Schelles Witwe angekauften Musikalien lange Zeit in der Komponierstube auf, obwohl er sie – anders als die stets aktuellen Motetten – schwerlich noch für die Kirchenmusik heranziehen konnte.

Das Schulgebäude wurde im Innern im Laufe des 18. und 19. Jahrhunderts immer wieder an die Bedürfnisse der Zeit angepaßt. Spätestens 1867, als man das preußische Schulsystem mit neun Klassenstufen übernahm, war das Gebäude dem Bedarf nicht mehr gewachsen. Ein neues wurde 1877 außerhalb der Innenstadt, in der Schreberstraße, errichtet; am 11. Oktober 1881 konnte auch das neue Thomasalumnat in der Hillerstraße feierlich eingeweiht werden. Das historische Gebäude hätte mit gutem Willen gerettet werden können; der Thomaskantor Wilhelm Rust bot angeblich für den Fall des Erhalts des Gebäudes sogar an, besonders wertvolle Stücke seiner bedeutenden Bach-Sammlung als Grundstock für ein Museum zu stiften. Dennoch entschied man sich 1902, acht Jahre nach Rusts Tod, für den Abriß. Schon 1904 bedauerte Bernhard Friedrich Richter in einem Vortrag über das Innere der Thomasschule den »Mangel an Pietät den Stätten gegenüber, die für unsere Stadt, unser Land, ja, wie hier die alte Thomasschule, für die ganze Welt Bedeutung haben«.

Immerhin wurde der Abriß so fachmännisch vorgenommen, daß man in einer Nische des Eckzimmers im Erdgeschoß außer älteren Papieren den Textdruck einer Bachschen Trauungskantate von 1725, das Titelblatt einer Gratulationskantate für den Hof von Anhalt-Köthen und einige Schulhefte von Wilhelm Friedemann Bach mit lateinischen und griechischen Grammatikübungen fand. Sie gelangten in den Besitz der 1900 in Leipzig gegründeten Neuen Bachgesellschaft und gehören heute zu den Zimelien des Bachhauses in Eisenach, das die Gesellschaft 1906 erwerben und seit 1910 als Museum betreiben konnte. Andenkenjäger haben weitere Reliquien gerettet, weniges ist später an Leipziger Museen gelangt. Im Eingangsbereich des Bach-Archivs Leipzig, Thomaskirchhof 16, ist die wohl aus dem Jahre 1732 stammende Tür der Kantorenwohnung ausgestellt; das Bach-Archiv bewahrt auch den Porphyr-Schlußstein des Hauseingangs. Das Musikinstrumentenmuseum besitzt schließlich eine historische gußeiserne Ofenplatte, die aus der Kantorenwohnung der Thomasschule stammen soll.

Das Schulgebäude in der Schreberstraße wurde beim Bombenangriff des 4. Dezembers 1943 zerstört. Die Thomasschüler fanden vorerst Zuflucht in der ehemaligen Fürstenschule in

Grimma, wohin auch die wertvollsten Stücke, beispielsweise die Originalstimmen zu Bachs Choralkantatenjahrgang, aus der Schulbibliothek ausgelagert wurden. Nach mehreren Zwischenstationen konnte die ehemalige 72. Grundschule an der Ecke der Hillerstraße und Bachstraße bis 1973 als Schulgebäude verwendet werden, ehe die Thomasschule in einen gesichtslosen Plattenbau in der Pestalozzistraße umziehen mußte. Mit der Rückkehr in das sanierte Gebäude in der Hillerstraße, der für bald nach der Jahrtausendwende angestrebt wird, will die Thomasschule auch äußerlich wieder an ihre Traditionen anknüpfen, die seit ehedem durch das enge Zusammenwirken von Schule und Chor, Kirche und Stadt bestimmt sind.

Bachs Kirchen

Durch die Thomasschulordnung und den Anstellungsvertrag waren Bachs Aufgaben in den Leipziger Kirchen in den Grundzügen geregelt: Die Thomaner wirkten bei den Gottesdiensten in St. Thomas, St. Nikolai, der Neuen Kirche und St. Petri mit. Darüber hinaus hatte Bach den »Alten Gottesdienst« in der Universitätskirche St. Pauli von Amts wegen übernommen, der die Gestaltung der Gottesdienste an Weihnachten, Ostern und Pfingsten vorsah. Bei besonderen Gelegenheiten mag er auch in anderen Kirchen tätig geworden sein, so in der Johanniskirche. Von den mit Bachs Leipziger Wirken verbundenen Gotteshäusern haben nur St. Thomas und St. Nikolai den Lauf der Zeit überdauert.

Die Thomaskirche

Der Eindruck, den wir heute vom Äußeren der Thomaskirche haben, wird bestimmt durch die gewaltige und ungewöhnlich steile Dachkonstruktion über der spätgotischen Hallenkirche von 1496, den Turm, der 1702 seine endgültige Gestalt erhielt, und das mächtige Westportal, das im Zuge der neugotischen Umgestaltung erst in den Jahren 1886 bis 1888 entstand. Zu Bachs Zeit verlief noch unmittelbar vor der Westseite die mittelalterliche Stadtmauer, so daß auf dieser Seite kein Raum für ein Prunkportal war. 1539 hatte sich in Leipzig die Reformation durchgesetzt, das Thomaskloster, das an die Kirche nach Norden hin anschloß, wurde bald nach 1543 abgerissen, 1553 die Thomasschule südlich der Kirche neuerrichtet. Eine umfassende Restaurierung der Thomaskirche wurde seit 1878 vorgenommen, wobei man Anbauten des 17. und 18. Jahrhunderts, vor allem aber die damals als geschmacklos empfundene Barockausstattung des Kircheninnern beseitigte – und damit fast alle Spuren aus Bachs Zeit tilgte.

Thomaskirche, Blick vom Osten

Im Vergleich zum heutigen recht nüchternen Anblick präsentierte sich die Thomaskirche im 18. Jahrhundert ungleich vielgestaltiger und farbenprächtiger. Das Gestühl bestand nicht nur aus langen Bankreihen, sondern auch aus Einzelstühlen und kleinen Bänken. Die Nischen der Nord- und Südseite wurden für Seiten- und Außenkapellen genutzt. Der Taufstein stand nahe der Westempore und nicht im Chorraum.

Inneres der Thomaskirche.
Stich von O. Kutschera nach einem Aquarell von H. Kratz, um 1885

Auf der Nordseite auf Höhe der Kanzel befand sich seit 1684 ein prächtiger Fürstenstuhl, der heute in einem Depot schlummert. Die Wände und Pfeiler waren mit Grabplatten behängt, an den Emporen, Queremporen und Säulen Gemälde und Spruchtafeln angebracht. Der Barockaltar von 1721 bestimmte den Chorraum, dessen Seiten damals wie heute mit den überlebensgroßen Porträts der Superintendenten geschmückt waren.

Obgleich schon für das 14. Jahrhundert der Gebrauch der Orgel in St. Thomas bezeugt ist, läßt sich erst 1489 der Bau eines Instruments aktenkundig machen. Diese Kleine Orgel wurde im Laufe der Zeit mehrfach versetzt und 1639 nach einer Generalüberholung auf einer neuerrichteten Empore, dem sogenannten Schwalbennest, oberhalb des Triumphbogens zum Chorraum aufgestellt. Man nimmt an, daß Bach sich die exponierte Lage dieser Empore zunutze gemacht hat, um den Choral »O Lamm Gottes unschuldig« im Eingangschor der Matthäus-Passion auf der dort befindlichen Orgel intonieren zu lassen (möglicherweise wurde dieser Choral erst bei späteren Wiederaufführungen durch Knabenstimmen verstärkt). Wegen Baufälligkeit ließ man die Kleine Orgel 1740 abtragen, wobei die noch verwendbaren Teile 1742 in den Orgelneubau der Johanniskirche übernommen wurden.

Eine Große Orgel war 1511 auf der Westempore errichtet worden; 1601 stellte auf dieser Basis Johann Lange aus Kamenz eine Orgel mit drei Manualen und Pedal fertig, die sich jedoch in der Folge als störungsanfällig erwies und ungewöhnlich oft gereinigt, gestimmt und überholt werden mußte. Eine Hauptstimmung des ganzen Werkes nahm 1730 der Leipziger Orgelbauer Johann Scheibe vor. Weitere Reparatur- und Erweiterungsarbeiten schlossen sich unter Bachs Aufsicht bis 1747 an. Nach einem weiteren Umbau 1755 wurde die Orgel 1772 umgestaltet, von der Wand abgerückt und in ein neues Gehäuse versetzt. Die Firma Wilhelm Sauer ersetzte 1889 die Große Orgel durch einen Neubau. Dem spätromantischen Klangideal verpflichtet, war dieses Instrument für eine an historischen Klangstilen orientierte Interpretation Bachscher Orgelwerke nur bedingt tauglich. Diesem Mangel wurde durch die 1967 zusätzlich am östlichen Ende der Nordempore errichtete Orgel der Firma Alexander Schuke aus Potsdam begegnet, die auf die Wiedergabe älterer Orgelmusik hin ausgerichtet ist. Sie soll aber bald durch einen Neubau nach historischen Mustern ersetzt werden. Im Zuge eines Wettbewerbs hat man sich für ein Instrument der Werkstatt Gerald Woehl aus Marburg entschieden; das Projekt soll zum Bach-Jahr 2000 realisiert werden, sofern die nötigen Mittel zusammengetragen werden können.

Inneres der Thomaskirche

Nach 250 Jahren wechselvoller Geschichte sind in St. Thomas nur noch wenige Gegenstände jener Zeit zu finden; weniges, wie die Abendmahlsgeräte der Bach-Zeit, blieb kontinuierlich im Gebrauch. Doch wurden seit dem ausgehenden 19. Jahrhundert auch neue Kunstwerke geschaffen, die das Andenken an den größten aller Thomaskantoren würdig bewahren. Besondere Bedeutung kommt den folgenden Gegenständen zu:

Kruzifix Das von Caspar Friedrich Löbelt geschnitzte, vergoldete Kruzifix war Mittelpunkt des 1721 geweihten Barockaltars, der 1888 abgebrochen wurde, da man ihn für »zu katholisch« hielt. Der Altaraufbau fand seit 1897 in der Johanniskirche Verwendung und wurde dort 1943 durch Kriegseinwirkung vernichtet. Das sogenannte Löbelt-Kreuz befindet sich heute an einem der Pfeiler gegenüber der Kanzel.

Pauliner-Altar   Der gotische Flügelaltar war ursprünglich der Hauptaltar der Universitätskirche St. Pauli. Vor der Zer-

links:
Pauliner-Altar, jetzt aufgestellt in St. Thomas

rechts:
Altar der Thomaskirche mit Löbelt-Kreuz von 1721. Stich, verlegt bei J. C. Weigel in Nürnberg

störung der Kirche gerettet, wurde er in Teilen seit 1982 in der Thomaskirche aufgestellt und an Pfingsten 1993, 25 Jahre nach Sprengung der Universitätskirche, geweiht. Die Tafelbilder und das Schnitzwerk stammen aus der Zeit um 1500. Im Mittelpunkt der Festtagsseite steht die Figur des Paulus, um die acht Schnitzreliefs eines Jesus-Maria-Zyklus gruppiert sind. Die Passionsseite zeigt in acht Tafeln, die sich an Kupferstichen von Martin Schongauer anlehnen, die Leidensgeschichte Jesu.

Taufstein   Der Taufstein der Thomaskirche aus schwarzem und rotem Marmor und Alabaster wurde 1614/15 von mehreren Künstlern des mitteldeutschen Raumes unter Leitung von Georg Kriebel aus Marburg geschaffen. Er stand ursprünglich auf einem Podest unmittelbar vor der Westempore; hier wurden elf Kinder aus Bachs zweiter Ehe getauft, die damals geschriebenen Taufzettel sind in dem Archiv der Thomas-Matthäi-Gemeinde erhalten. 1808 wurden Taufstein und Taufbecken in die Vierung und später in den Chorraum verlegt. Der zugehörige achteckige Deckel aus Ebenholz,

Alabaster und Lindenholz ist wohl schon im 19. Jahrhundert bis auf geringfügige Reste verlorengegangen.

Bildnisse der Superintendenten von Leipzig und der Ersten Geistlichen an St. Thomas Die Tradition, mit lebensgroßen Bildnissen der Superintendenten die Seitenwände des Chorraums zu schmücken, wurde 1614 durch den Superintendenten Georg Weinrich begründet, der damals Porträts von seinen fünf Amtsvorgängern und sich selbst anfertigen ließ. Die Amtszeit von Salomon Deyling währte von 1721 bis 1755 und schloß damit Bachs Leipziger Jahre vollständig ein.
Zehn halbfigurige Bildnisse dokumentieren die Ersten Geistlichen an St. Thomas für die Zeit, in der der Superintendent

links:
Salomon Deyling.
Unbezeichneter Stich
nach 1755
rechts:
Taufbecken der
Thomaskirche

links:
Bach-Fenster
von 1895

rechts:
Mendelssohn-Fenster
von 1997

an St. Nikolai amtierte. Das Bildnis von Christian Weiß, der von 1714 bis 1736 Pastor an St. Thomas und Schulinspektor war, hängt heute in der Südsakristei; seinen Nachfolgern bis 1750 waren jeweils nur kurze Amtszeiten vergönnt.

Bach-Fenster Bei der neugotischen Umgestaltung der Thomaskirche entschied man sich für den Einbau neuer Glasgemälde auf der Südseite des Langhauses. Zunächst sind 1889

das Luther- und das Kaiserfenster entstanden, 1893 folgte ein Gustav-Adolf-Fenster. 1895 wurde wahrscheinlich durch Carl de Bouché aus München das Bach-Fenster gestaltet. 1929 fügte man ein Kriegergedächtnisfenster hinzu; erst 1997, zum 150. Todestag des Komponisten, konnte der alte Plan eines Mendelssohn-Fensters verwirklicht werden. Das Bach-Fenster enthält neben einem Porträt des Komponisten zwei Schmuckbänder mit Hinweisen auf Vokalwerke, die für sein Schaffen als repräsentativ galten: Der Psalmvers »Singet dem Herrn ein neues Lied« verweist auf Bachs gleichnamige Motette (BWV 225), seit jeher ein Prunkstück des Thomanerchores; der Vers »Kommt, ihr Töchter, helft mir klagen« eröffnet den Eingangschor der Matthäus-Passion.

Bach-Grab im Chorraum der Thomaskirche

Grabplatte 1949 wurden die Gebeine Johann Sebastian Bachs aus der kriegszerstörten Johanniskirche nach St. Thomas übergeführt. Die schlichte, nur mit dem Namen versehene Grabplatte verschloß zunächst eine Tumba, die vom Chorraum in das Kirchenschiff ragte. 1964 wurde das Grab in den Chorraum verschoben und die Platte bündig in den Ziegelfußboden eingelassen. Zur Erinnerung an Bachs Todestag finden alljährlich am 28. Juli Konzerte in St. Thomas statt.

St. Nikolai

Die Nikolaikirche dürfte kurz nach Verleihung des Stadtrechts um 1165 als Kaufmannskirche gegründet worden sein; ein Kirchenbau wird in der Stiftungsurkunde des Thomasklosters 1212 erwähnt. Dem Kloster blieb sie bis zur Reformation unterstellt. 1395 wandte man sich an den Papst mit der Bitte, auch der Nikolaikirche eine Schule zuzuordnen; ein eigenes Schulgebäude konnte aber erst 1512 bezogen werden. Im Gegensatz zur Armenschule St. Thomas rekrutierten sich die Nikolaischüler von Anfang an aus den wohlhabenderen

Familien. Das aus dem Jahre 1568 stammende und 1730 wesentlich erweiterte historische Gebäude wurde vor wenigen Jahren umfassend renoviert. Der berühmteste Schüler war zweifellos Gottfried Wilhelm Leibniz, der sie bis zu seiner Immatrikulation an der Universität 1661 besuchte.

Die Nikolaikirche hat in mehreren Bauphasen ihr heutiges Erscheinungsbild erhalten, wobei regelmäßig Neubaupläne

Nikolaikirche. Stich nach einer Zeichnung von J. Stridbeck d. J., vor 1730

verworfen wurden und man sich mit Erweiterungen und Umbauten begnügte. Die heutigen Außenmaße erreichte die Kirche mit der Neugestaltung des Hallenlanghauses bis 1525, wobei von einer aufgrund der Proportionen erforderlichen Verlängerung des Hauptschiffes Abstand genommen wurde, da man sowohl die bestehende Westturmfront als auch die Chorapsis beibehalten wollte. 1555 wurde der Mittelturm errichtet, der eine Türmerstube, auch für die Brandwachen, erhielt. Während Bachs Amtszeit wurden 1730/31 die Westtürme um ein Geschoß erhöht und ihr Dach neu gestaltet, wobei man als Vorbild für die Laterne die Dresdner Frauenkirche wählte.

Wegen erheblicher Baumängel, vor allem an den hölzernen Emporen, entschied man sich 1784 für einen völligen Umbau des Kircheninneren; bereits 1759 hatte man sich genötigt gesehen, das romanische Stufenportal durch ein neues zu ersetzen. Zur Planung der Baumaßnahmen wurde der Zustand des Gebäudes durch Carl Benjamin Schwarz festgehalten, Aufrisse hatte Johann Gottfried Döring bereits 1750 angefertigt. Die Veränderungen des Erscheinungsbildes sind so gravierend, daß man dem klassizistischen Kircheninneren nur mit Mühe seine gotische Vorgeschichte ansieht. Einige der markantesten Veränderungen betreffen die palmenartige Gestaltung der Mittelsäulen im Hauptschiff, die Beseitigung des gotischen Maßwerks der Fenster, die Versetzung der Orgelempore von der Südwestecke in die Mitte der Westseite und das Abhängen des gotischen Kreuzrippengewölbes durch ein Tonnengewölbe im Chorraum und eine Kassettendecke im Hauptschiff. Die Neugestaltung wurde bis hin zur Farbgebung in weiß, rosé und apfelgrün konsequent betrieben. Im Zuge des Umbaus wurden auch die historischen Kanzeln, der Hauptaltar und die in ihren ältesten Teilen bis 1597 zurückreichende Orgel erneuert. Die älteren Gemälde tauschte man gegen ein in die Gesamtkonzeption einbezogenes Ensemble Adam Friedrich Oesers, des Direktors der Königlich-Sächsischen Akademie der Künste zu Leipzig. Die Nikolaikirche erhielt damit wieder ein einheitliches Erscheinungsbild, das aber nicht mehr dem Zustand der Ära Bach, sondern eher dem der Zeit der Thomaskantoren Johann Adam Hiller und August Eberhard Müller entsprach. Um 1900 entfernte man die zahlreichen Außenkapellen aus dem 17. und 18. Jahrhundert, so daß auch der äußere Eindruck nur noch begrenzt mit dem der Bach-Zeit übereinstimmt.

Als Predigtkirche des Superintendenten besaß St. Nikolai im 18. Jahrhundert Privilegien vor St. Thomas: An den hohen Feiertagen, Weihnachten, Ostern und Pfingsten musizierte

St. Nikolai

man im Hauptgottesdienst am 1. und 3. Feiertag in St. Nikolai und nur am 2. Feiertag in St. Thomas. Aufgrund eines Ratsbeschlusses wurden auch die Ratswahlkantaten alljährlich Ende August dort aufgeführt. Der radikale Umbau nach 1784 erschwert dem Besucher eine Identifizierung der Nikolaikirche als Bach-Kirche. Zur Erinnerung an Johann Sebastian Bach ist seit Mai 1998 eine von Carl Seffner geschaffene Büste des

Inneres der Nikolaikirche zum Altar. Zeichnung von C. B. Schwarz, um 1785

Komponisten, die sich seit langem im Besitz der Kirche befindet, öffentlich ausgestellt. Nur die wenigen folgenden Gegenstände reichen bis in Bachs Zeit zurück:

Luther-Kanzel Die Sandstein-Kanzel von 1521 wurde als einziger Gegenstand der gotischen Ausstattung beim Umbau 1785 in der Kirche belassen (und im Laufe der Zeit mehrfach versetzt), da man sie – aufgrund einer fehlerhaften Überlieferung – mit Martin Luther in Verbindung brachte. Der vergoldete Deckel und die zugehörige Treppe sind leider nicht mehr erhalten.

Orgel Wie in St. Thomas stammte die Hauptorgel des 17. Jahrhunderts von Johann Lange; sie stand auf einer hölzernen Empore am Westende des südlichen Seitenschiffs und wurde 1693/94 durch Zacharias Thayßner auf 36 Register erweitert, wobei der Prospekt offenbar unverändert blieb. Nach mehreren Reparaturen wurde sie 1786 durch die Orgelbauer Trampeli abgebaut. Die heutige Orgel stammt in ihrer Grundsubstanz aus den Jahren 1859 bis 1862 (Friedrich Ladegast), wurde aber 1902/03 und 1934 umgebaut.

Inneres der Nikolaikirche nach Osten

Gemälde, Schrifttafeln und Epitaphe Nach der Neugestaltung der Nikolaikirche wurde der ältere Bilderschmuck auf dem Dachboden deponiert und geriet für einige Jahrzehnte in Vergessenheit; 1815 wiederentdeckt, gelangten die wertvollsten Stücke, darunter Gemälde von Lucas Cranach d. Ä., 1848 in die Obhut der Stadt (heute im wesentlichen im Museum der bildenden Künste und im Stadtgeschichtlichen Museum). In St. Nikolai sind nur zwei Bildtafeln verblieben: Im Kapitelsaal hängt ein zweiteiliges Gemälde mit der Darstellung der Auferweckung des Lazarus, das der Schule Cranachs zugeschrieben wird. Aus der Zeit vor Bach stammen zwei wertvolle Inschriftentafeln, die in den Sakristeien aufgehängt sind.

Neue Kirche (nach 1876 Matthäikirche)

Die Neue oder Matthäi-Kirche befand sich bis zu ihrer Zerstörung am 4. Dezember 1943 wenige hundert Meter nordwestlich der Thomaskirche. Die ehemalige Franziskanerkirche war 1543 säkularisiert worden und diente für mehr als 100 Jahre als Stapelplatz der Leipziger Kaufleute. Seit 1698 wurde das Gebäude aus privaten Spendenmitteln wieder als Gotteshaus hergerichtet und am 16. Sonntag nach Trinitatis 1699 feierlich wiedereröffnet.

Regelmäßige Aufführungen von vokal-instrumentaler Kirchenmusik kamen ab 1701 zustande, als Georg Philipp Telemann für einige Jahre das Amt eines Musikdirektors übernahm. Zu Bachs Lebzeiten standen die Aufführungen unter Leitung von Georg Balthasar Schott (bis 1729) und Carl Gotthelf Gerlach. Die zweischiffige Hallenkirche ist 1877 neugotisch umgestaltet worden. Die Ruine der kriegszerstörten Kirche wurde seit 1948 abgetragen, das Gelände unter Androhung von Zwangsmaßnahmen gegen den Willen der Gemeinde verkauft und mit einem Gebäude des Ministeriums für Staatssicherheit überbaut. 1948 schloß sich die Matthäigemeinde mit der Thomasgemeinde zusammen, die wenigen erhaltenen historischen Abendmahlsgeräte der ehemaligen Neuen Kirche werden seither in der Thomaskirche aufbewahrt und gebraucht.

Peterskirche

Die Alte Peterskirche befand sich an der Petersstraße zwischen Peterskirchhof und der heutigen Schillerstraße. Ein aus dem Jahre 1507 stammender Kirchenbau war 1710 bis 1712 erweitert worden, im Laufe des 18. Jahrhunderts wurde die Zahl der Sitzmöglichkeiten kontinuierlich vermehrt. Die Kirche wurde 1886 abgebrochen, von der Ausstattung der Bach-Zeit sind offenbar nur vier geschnitzte Statuen mit Darstellungen der Evangelisten (heute im Museum der bildenden Künste) erhalten, die der Kanzelbrüstung von 1711 zugeordnet werden.

Universitätskirche St. Pauli

Bis 1543 hatte St. Nikolai die Funktion einer Kirche für die 1409 gegründete Universität miterfüllt. Nach der Säkularisierung des Dominikanerklosters 1543 wurde die auf das Jahr 1240 zurückreichende Hallenkirche St. Pauli der Universität übereignet. 1471 bis 1521 war die Kirche gotisch umgebaut worden und hatte zuletzt seit 1519 eine spätgotische Chorhalle erhalten. In den Jahren 1710 bis 1712 wurden im Inneren doppelgeschossige Emporen

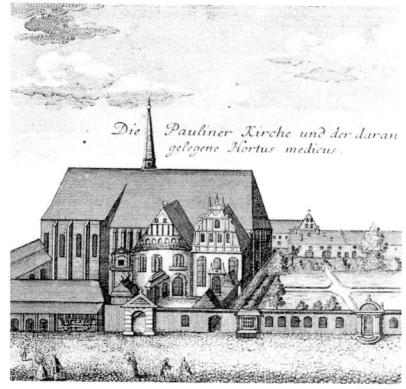

Neue Kirche, Peterskirche, Universitätskirche St. Pauli. Stiche nach J. E. Scheffler, Nürnberg 1749

eingezogen, 1738 schuf Valentin Schwarzenberger eine neue Kanzel. Bei Festakten in der Paulinerkirche erklangen unter Bachs Leitung 1727 die Trauerode (BWV 198) und 1729 die achtstimmige Motette »Der Geist hilft unser Schwachheit auf« (BWV 226).

Behutsamer als die Thomaskirche wurde die Universitätskirche Ende des 19. Jahrhunderts im Stil der Neogotik umgestaltet. Sie enthielt von allen Leipziger Kirchen die reichhaltigste und wertvollste Ausstattung, die zu großen Teilen aus dem 16. bis 18. Jahrhundert stammte. Die unselige Verbindung einer atheistischen Ideologie und eines spießigen Kulturbanausentums der damaligen Staatsführung der DDR und ihrer Statthalter vor Ort führten noch am 30. Mai 1968 zur Sprengung der prächtigen, spätgotischen Universitätskirche St. Pauli, die die Kriegswirren fast unbeschädigt gelassen hatten, zugunsten des Neubaus von Universitätsgebäuden am Augustusplatz. Kurz vor der Sprengung konnten noch etwa 100 Stücke der Inneneinrichtung abgebaut werden, doch ist

kaum ein Viertel davon – beispielsweise der Hochaltar, der in der Thomaskirche Aufstellung fand – heute für die Öffentlichkeit zugänglich.

Johanniskirche

Vereinzelte Belege lassen erkennen, daß Johann Sebastian Bach auch mit der Johanniskirche in Beziehung stand; doch sind nur über die Abnahme der 1740/42 erbauten Orgel durch Johann Sebastian Bach und Zacharias Hildebrandt aussagekräftige Dokumente erhalten. Diese Orgel wurde 1894 abgebaut. Nur der Spielschrank und die Orgelbank blieben erhalten; beide befinden sich seit 1926 im Musikinstrumentenmuseum der Universität.
Auf dem Friedhof der damals am Rande der Stadt liegenden Johanniskirche war Bach am 30. Juli 1750 in einem Eichensarg beigesetzt worden.

Johanniskirche zur Zeit von Bachs Tod.
Stich von
J. E. Scheffler,
Nürnberg 1749

Sein Grab befand sich nach mündlicher Überlieferung sechs Schritte von der Südtür der Kirche entfernt (heute Freifläche vor dem Grassimuseum). Das Grab wurde 1894 geöffnet; die Gebeine überführte man in einem Sarkophag in eine Gruft unter dem Altar der neugestalteten Johanniskirche. 1949, anläßlich des 199. Todestags von Bach, wurden sie – wie bereits erwähnt – aus der kriegszerstörten Johanniskirche in die Thomaskirche umgebettet. Der Turm mit seiner steil aufragenden barocken Turmspitze, deren Wiederaufbau man betrieb, stand noch bis 1963, dann wurde auch er gesprengt.

Johannisfriedhof

Auftragsmusiken

Bachs Arbeitspensum erschöpfte sich keineswegs in der Bereitstellung und Aufführung von Kirchenmusiken in den Leipziger Hauptkirchen an den Sonn- und Festtagen des Kirchenjahres. Alle möglichen Anlässe galt es mit Musik auszustatten: Die jährliche Feier der Ratswahl, Hochzeiten und Trauerfälle, Fürstengeburtstage, Besuche hoher Herren, universitäre Festveranstaltungen und viele andere mehr. Zudem hatte Bach auch am regulären Konzertleben Leipzigs entscheidenden Anteil. Für eine Neukomposition zu einem bestimmten Anlaß gab es zum Teil feste Sätze, zum Teil durften sich die Aufführenden Hoffnung auf eine freiwillige und gewöhnlich nicht zu knappe Gratifikation durch die Geehrten machen. Die im Einzelfall nicht planbaren, über die Jahre hinweg gesehen jedoch recht konstanten zusätzlichen Einkünfte haben Bachs Grundgehalt weit überschritten. In seinem Brief an den Jugendfreund Georg Erdmann in Danzig vom 28. Oktober 1730 bezifferte Bach sein Jahreseinkommen auf 700 Taler, obwohl sein Salär als *Director musices* und *Cantor an St. Thomae* wenig mehr als 100 Taler in bar und einige Naturalien betrug. Freilich hatte man Bach bei der Übersiedelung nach Leipzig Aussichten auf noch höhere Einkünfte gemacht, so daß seine Klage, aufgrund der gesunden Luft habe er im vergangenen Jahr 100 Taler Einbuße an »Leichengeldern« gehabt, vielleicht der Sache nach berechtigt war, in unseren Ohren aber etwas makaber klingen muß.

Die Gelegenheitsmusiken waren gewöhnlich nicht für die Ewigkeit bestimmt, daher sind auch viele nachweisbare Kompositionen nicht erhalten geblieben. In weit größerem Umfang als bei den Kirchenkompositionen müssen wir uns archivalischer Quellen bedienen, um das einstige Ausmaß des Repertoires zu erfassen. Als besonders aufschlußreich erweist

Markt nach Südosten, Rathaus und Apelsches Haus (Königshaus)

sich für Leipzig die sogenannte Riemersche Chronik, die von 1714 bis nach 1750 von Johann Salomon Riemer geführt wurde und außer einem handschriftlichen Bericht über große Ereignisse als Beilage oft auch die in Zusammenhang damit entstandenen Gedichte und Textdrucke überliefert. Auch in anderen Sammlungen sind Einzeldrucke mit den Texten zu Bachschen Gelegenheitswerken erhalten geblieben, die damit manchmal zum einzigen Beleg für eine Komposition werden. Müssen wir bei den Kirchenkantaten und geistlichen Vokalwerken nach der Aufstellung im bereits erwähnten Nachruf mit Verlusten in einer Größenordnung von etwa zwei Fünfteln des ursprünglichen Werkbestandes ausgehen, so ist die Verlustrate bei den Gelegenheitskompositionen gewiß noch viel größer: Je besser Text und Musik auf den Anlaß zugeschnitten waren, desto weniger eigneten sie sich für eine spätere Weiterverwendung. Außer dem Geehrten selbst hätte schwerlich jemand Interesse an einer Abschrift eines andernorts nur nach einer Überarbeitung verwendbaren Werkes gehabt. Für fast alle Kompositionen dürften die Originalpartitur und die für die Erstaufführung benötigten Stimmen die einzigen jemals vorhandenen Quellen dargestellt haben. Trotz der schlechten Quellenüberlieferung gelingt es, aufgrund der Vielzahl an Einzelbelegen ein Gesamtbild zu gewinnen, das die Vielseitigkeit der Aufgaben und ihrer musikalischen Lösungen belegt.
In der Wertschätzung dürften die Fest- und Huldigungsmusiken für das kurfürstlich-sächsische Haus ungeachtet des reservierten Verhältnisses der Leipziger Lutheraner zum katholischen Dresdner Hof obenan gestanden haben. Schon 1727 bedachte Bach den Geburts- und Namenstag des Königs mit festlichen Werken, seine Bemühungen verstärkten sich nach 1733, als er sich nach dem Tod Augusts des Starken durch Huldigungsmusiken und die Widmung der Missa in h-Moll um einen Hoftitel bemühte. Die Bedeutung, die man den Besuchen des neuen Kurfürsten beimaß, zeigt sich im Chronistenbericht über eine Aufführung der Kantate »Preise dein Glücke, gesegnetes Sachsen« (BWV 215) am 5. Oktober 1734, mit der des Jahrestages der Thronbesteigung gedacht wurde.

»Gegen 9 Uhr abends brachten Ihro Majestät die allhiesigen Studierenden eine alleruntertänigste Abend-Musik mit Trompeten und Pauken, so Herr Kapellmeister Johann Sebastian Bach, Cantor zu St. Thomae, komponieret. Wobei 600 Studenten lauter Wachsfackeln trugen und vier Grafen als Marschälle die Musik anführten. Der Zug geschahe aus dem Schwarzen Brett durch die Ritterstraße, Brühl und Kathari-

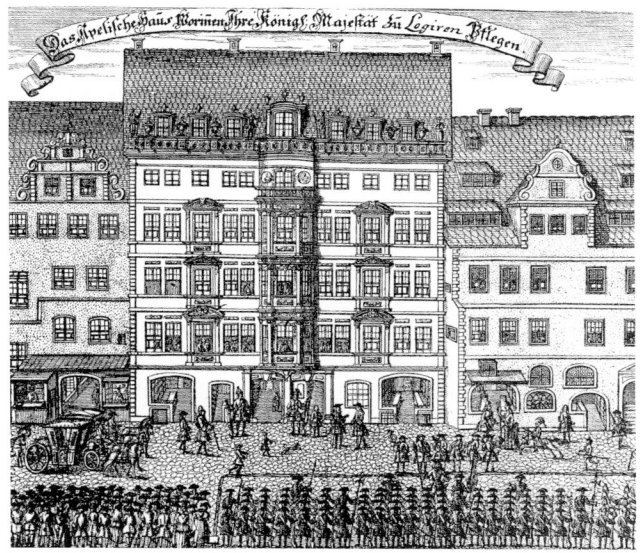

Das Königshaus am Markt (Apelsches Haus).
Strich, um 1720

nenstraße herauf bis ans Königs Logis; als die Musik an der Waage angelanget, gingen auf derselben Trompeten und Pauken, wie denn auch solches vom Rathause durch ein Chor geschahe. Bei Übergabe des Carmens [d. h. des Textdrucks der Huldigungsmusik] wurden die vier Grafen zum Handkuß gelassen, nachgehends sind Ihro Königliche Majestät, nebst Dero Königlichen Frau Gemahlin und Königlichen Prinzen, so lange die Musik gedauret, nicht vom Fenster weggegangen, sondern haben solche gnädigst angehöret und Ihro Majestät herzlich wohlgefallen.«

Für die Komposition erhielt Bach von den Studenten als Ausrichtern in der Huldigung ein Honorar von 50 Talern, mit denen freilich auch die Kosten der Aufführung bestritten werden mußten. In diesem Falle ist glücklicherweise auch die Musik erhalten geblieben. Das Werk ist doppelchörig angelegt, Trompeten und Pauken verbreiten festlichen Glanz. Mit Rücksicht auf die Aufführung unter freiem Himmel vor dem Apelschen Haus am Markt, in dem der König logierte, werden die meisten Rezitative vom Orchester und nicht nur von Continuo-Instrumenten begleitet, in der Sopranarie wird die Singstimme durchgängig durch eine Oboe d'amore verstärkt.

Gottfried Reiche. Porträt von E. G. Haußmann

Der Erfolg der Aufführung, wie der Chronist bezeugt, wurde durch einen tragischen Unglücksfall überschattet. Der Senior der Leipziger Stadtpfeifer Gottfried Reiche, der die anspruchsvolle Partie der ersten Trompete geblasen hatte, erlitt am folgenden Tage einen tödlichen Schlaganfall, dessen Ursache Riemer in der anstrengenden Aufführung sah.

Hohen Besuch gab es in den 1730er Jahren des öfteren zu feiern, etwa die Anwesenheit des sächsisch-polnischen Königspaares und der Prinzessinnen Maria Amalia und Maria Anna Josefine am 28. April 1738. Bach nutzte die sich ihm bietende Gelegenheit, um mit seiner Musik Vorurteilen gegen seinen als konservativ kritisierten Kompositionsstil zu begegnen. Unter Berufung auf diese Huldigungsmusik (und vielleicht sogar in seinem Auftrag) wandte sich Bachs Schüler Lorenz Christoph Mizler in seiner *Musikalischen Bibliothek* gegen Johann Adolph Scheibe, der in seiner Wochenschrift *Der critische Musicus* Bachs Kirchenstücke im Vergleich mit denen Georg Philipp Telemanns und der Brüder Graun als künstlich und mühsam verworfen hatte. Zu Bachs Verteidigung brachte Mizler vor: »Wenn aber Herr Bach manchmal die Mittelstimmen vollstimmiger setzet als andere, so hat er sich nach den Zeiten der Musik vor 20 und 25 Jahren gerichtet. Er kann es aber auch anders machen, wenn er will. Wer die Musik gehöret, so in der Oster-Messe zu Leipzig vergangenen Jahrs bei der allerhöchsten Gegenwart Ihro Königlichen Majestät in Pohlen von der studierenden Jugend aufgeführet, vom Herrn Capellmeister Bach aber komponieret worden, der wird gestehen müssen, daß sie vollkommen nach dem neuesten Geschmack eingerichtet gewesen und von jedermann gebilligt worden. So wohl weiß der Herr Capellmeister sich nach seinen Zuhörern zu richten.«

Erbhuldigung am 21. April 1733 auf dem Markt. Stich von J. G. Schreiber

Bescheidener gestaltet sind die übrigen Huldigungsmusiken, von denen sich aus Bachs Leipziger Zeit nur noch ein halbes Dutzend nachweisen lassen. So beging man wenigstens in den Jahren 1726 und 1735 den Geburtstag des Grafen Joachim Friedrich von Flemming, der als Gouverneur von Leipzig in der Pleißenburg - heute steht dort das Neue Rathaus – residierte, mit Kantatenaufführungen. Der Erbhuldigung für Carl Heinrich von Dieskau im Jahre 1742 verdanken wir eines von Bachs beliebtesten und bekanntesten Werken, die Bauernkantate »Mer hahn en neue Oberkeet« (BWV 212).
Auch die Thomasschule beging festliche Anlässe mit Musikdarbietungen. Am 4. Oktober 1734 verabschiedete man beispielsweise den an die Universität Göttingen berufenen Johann Matthias Gesner mit der Kantate »Wo sind meine Wunderwerke« (nicht im BWV) und würdigte sieben Wochen später die Beförderung des vom Konrektor zum Rektor

ernannten Johann August Ernesti mit der allegorischen Kantate »Thomana saß annoch betrübt« (BWV Anh. 19).

Eine beachtliche, noch keineswegs bis ins Detail erforschte Musikpflege ging von der Leipziger Universität aus, die seit 1710 regelmäßige Sonntagsgottesdienste in der Paulinerkirche veranstaltete und einen Musikdirektor, einen Organisten und einen Kantor besoldete. Ursprünglich hatte der Thomaskantor auch die Aufgaben eines universitären Musikdirektors vertreten, doch wurde nach Kuhnaus Tod mit dem wachsenden Anspruch an die Aufführungen die Personalunion aufgehoben und die musikalische Gestaltung der Gottesdienste Johann Gottlieb Görner übertragen. In der Folgezeit ergaben sich hieraus wiederholt Kompetenzschwierigkeiten, die aber das gute persönliche Verhältnis zwischen Bach und Görner, der seit 1730 auch als Organist an der Thomaskirche wirkte, offensichtlich nur wenig beeinträchtigten. Angesichts der hohen Ehre und der üppigen Gratifikationen ist es wenig verwunderlich, daß Bach im selben Maße an einer Übernahme universitärer Aufträge interessiert war, wie Görner sie im Gegenzug zu unterbinden suchte. Gemessen an den zahlreichen nachweisbaren, heute fast ausnahmslos verschollenen Gelegenheitskompositionen dürfte Bach nur ausnahmsweise bei Universitätsfeiern mitgewirkt haben. In diesen Fällen ging die Initiative nicht vom Rektorat aus, sondern von einzelnen Studierenden, denen es gelang, durch Sammlungen bei ihren Kommilitonen die Kosten für Textdichtung, Komposition und Aufführung aufzubringen. Nur wenige Studenten haben über ein vergleichbares Potential verfügt wie Hans Carl von Kirchbach, der am 17. Oktober 1727 als dreiundzwanzigjähriger Student eine Trauerfeier zum Gedächtnis der sächsischen Kurfürstin Christiane Eberhardine auf eigene Kosten ausrichtete. Kirchbach hielt selbst die Gedenkrede auf die Verstorbene und bestellte eine große Trauermusik bei Johann Christoph Gottsched und Johann Sebastian Bach, von denen der eine, Initiator der Deutschen Gesellschaft und später außerordentlicher Professor für Poetik, als führender Literat, der andere, Thomaskantor und städtischer Musikdirektor, als ranghöchster Musiker der Stadt galten. Als Görner Einspruch erhob, da er sich bei der Vergabe des Auftrags übergangen fühlte, drohte Kirchbach kurzerhand an, die bereits vom Kurfürsten abgesegnete Feierlichkeit ausfallen zu lassen. Man einigte sich schließlich darauf, daß Görner ein Extrahonorar erhielt, ohne eine einzige Note zu schreiben. Bach wurde aufgefordert schriftlich zu bestätigen, daß aus der Aufführung keine weiteren Rechte für die Zukunft abgeleitet werden könnten. Er weigerte sich aber offenbar, den bereits aufgesetzten Revers zu unterzeichnen.

Am Festakt, dem wir die Trauerode »Laß, Fürstin, laß noch einen Strahl« (BWV 198) verdanken, nahmen nicht nur die Professoren der Universität teil. Der Chronist Riemer berichtet:

»Was von Fürstlichen Personen, hohen Ministern, Kavaliers und anderen Fremden sich dieses Mal auf der Messe befunden, hat sich, nebst einer großen Zahl vornehmer Damen wie auch die ganze löbliche Universität und ein Edler Hochweiser Rat in Corpore dabei eingefunden.«

In einer feierlichen Prozession zog man unter Glockenläuten von der Nikolaikirche zur Paulinerkirche. Was zunächst wie eine Privatinitiative erscheinen mußte, nahm damit letztlich fast den Rang eines offiziellen Traueraktes ein. Da im Text der Kantate, der an die Anwesenden verteilt wurde, die Kurfürstin, die sich 1697 der Konversion ihres Gatten zum katholischen Glauben nicht angeschlossen hatte, als »Glaubenspflegerin« gepriesen wurde, entwickelte sich die Trauerfeier zu einer unverhohlenen Spitze gegen den kurfürstlichen Hof in Dresden.

Kein anderer Fall aus Bachs Amtszeit ist ähnlich gut dokumentiert. Bei vielen anderen Gelegenheiten bleibt daher unklar, in wessen Auftrag und in welchem Rahmen bestimmte Aufführungen zustande kamen. Die Feiern bei Anwesenheit sächsischer Herrscher wurden zwar gewöhnlich von den Studierenden der Universität getragen, wie aus den Textdrucken der Huldigungskantaten hervorgeht, doch stellten sie in der Regel keine offiziellen Akte der Universität dar. Der Originalpartitur der Motette »Der Geist hilft unser Schwachheit auf« (BWV 226) können wir zwar entnehmen, daß sie »Bey

Beerdigung des seel: Herrn Prof: und Rectoris Ernesti« erstmals erklang, doch obwohl die Trauerfeier am 20. Oktober 1729 in der Universitätskirche St. Pauli stattfand, ist schwer auszumachen, ob die Initiative hierzu ausschließlich von der Universität ausging, da Johann Heinrich Ernesti zugleich Rektor der Thomasschule gewesen war. Zu den einträglichen Nebeneinkünften gehörten die Hochzeitsfeiern des gehobenen Bürgertums, für die man häufig Bach als den ranghöchsten Kirchenmusiker der Stadt heranzog. Nach der Leipziger Agende von 1564 gab es zwei Klassen von Hochzeiten, bei denen entweder eine »ganze« oder nur eine »halbe Brautmesse« dargeboten wurde. Bei der sogenannten halben Brautmesse begnügte man sich mit einigen Chorälen, während bei den ganzen Brautmessen eine Kantate aufgeführt wurde, deren erster Teil vor der Predigt, der zweite nach der Predigt, während des Abendmahls, erklang. In diesem Rahmen konnte Bach Pauken und Trompeten verwenden. Viele Trauungen wurden jedoch nicht in den Kirchen vollzogen, sondern – sofern es der Platz zuließ – in den Bürgerhäusern, gelegentlich auch im Gasthof. Vielfach führte man auch hier Hochzeitskantaten auf, die dann jedoch kammermusikalisch angelegt waren und daher auf die Mitwirkung von Blechbläsern, gewöhnlich wohl auch auf den Chor verzichteten.

Darstellung einer Studentenmusik, Leipzig 1729 (C. F. Henrici, *Ernst-Scherzhaffte und Satyrische Gedichte*, 1. Teil, 2. Auflage)

Die großzügigen Honorare konnten zwar für die Mühen, die mit den gewöhnlich kurzfristig anberaumten Feierlichkeiten verbunden waren, entschädigen. Aus heutiger Sicht erstaunt es dennoch, wie bereitwillig Bach und seine Zeitgenossen großangelegte Werke zum einmaligen Gebrauch konzipierten. Nur bei den Trauungskantaten scheint sich so etwas wie ein festes Repertoire herausgebildet zu haben: An den Aufführungsmaterialien zur Kantate »Dem Gerechten muß das Licht immer wieder aufgehen« (BWV 195) lassen sich wenigstens drei verschiedene Fassungen unterscheiden, von denen die älteste in die Zeit vor 1730 fallen dürfte, die letzte aus der Zeit um 1748/49 stammt. Die Solokantate »O angenehme Melodei« (BWV 210/210a) wird über die Jahre hinweg zu verschiedenen Anlässen wenigstens fünfmal erklungen sein.

In verschiedenen Fällen konnte ein geschickter Verseschmied immerhin eine neue Textunterlegung, die man Parodie nannte, versuchen, um eine besonders aufwendig gestaltete oder gelungene Musik für eine andere Gelegenheit zu retten. Manchmal, vor allem bei auswärtigen Aufträgen, gewinnt man den Eindruck, Bach habe seine Kompositionen von vornherein unter dem Gesichtspunkt einer späteren Weiterverwendung als Leipziger Kirchenkantate geschaffen. Dies gilt etwa für die Tafelmusik »Entfliehet, verschwindet, entweichet, ihr Sorgen« (BWV 249a), die Bach für den Geburtstag des Herzogs Christian von Sachsen-Weißenfels am 23. Februar 1725 komponiert hatte und mit neuem Text, der geringfügige Änderungen der Musik erforderte, schon am 1. April des Jahres als Oster-Oratorium »Kommt, eilet und laufet« (BWV 249) in Leipzig wiederaufnahm. Das sogenannte Parodieverfahren hat Bach von der Nachwelt, vor allem im 19. Jahrhundert, als man den Künstler im Zuge eines romantischen Kunstverständnisses vorrangig am Maßstab der Originalität beurteilte, manchen Tadel eingetragen. Zu unrecht, denn nach dem Verständnis seiner Zeit sprach nichts dagegen, eine bestehende Musik mit einem neuen Text zu versehen, wenn nur Versmaß, grammatische Struktur und Affekt der Vorlage hinreichend berücksichtigt wurden. Auch Bachs Passionsmusiken nach Matthäus und Markus stehen in Parodiebeziehungen zu Trauermusiken auf den Tod des Fürsten Leopold von Anhalt-Köthen und der Kurfürstin Christiane Eberhardine, ohne daß dies den künstlerischen Wert eines dieser Werke im geringsten schmälern würde. Die Kyrie-Gloria-Messen der späten 1730er Jahre gehen gleichfalls zu beträchtlichen Teilen auf Kantatensätze zurück, die Bach aus dem reichen Bestand an Kirchenkantaten umsichtig auswählte.

Neben diesen zahlreichen Gelegenheiten gab es in Leipzig ein Konzertleben, das besonders zu den Messezeiten, wenn viele auswärtige Gäste erwartet wurden, florierte. Da hier keine Hofkapelle bestand, hatten sich spätestens in der zweiten Hälfte des 17. Jahrhunderts private Musikvereinigungen herausgebildet. Georg Philipp Telemann gründete bald nach seiner Ankunft in Leipzig, wo er sich im Herbst 1701 immatrikulierte, ein eigenes Ensemble, das unter dem Namen Telemannsches Collegium musicum bekannt wurde. Noch 1718 berichtete er in seiner Autobiographie darüber stolz: »Dieses Collegium musicum, obgleich es zwar aus lauter Studiosis besteht, deren öfters 40 beisammen sind, ist nichts desto minder mit vielem Vergnügen anzuhören.«

Johann Friedrich Fasch konnte 1708 ein zweites derartiges Ensemble einrichten; zeitweilig mögen noch mehr Collegia musica in Leipzig bestanden haben. Als im Jahre 1729 Georg Balthasar Schott eine Berufung nach Gotha erhielt, bot sich Johann Sebastian Bach die Möglichkeit, das ehemalige Telemannsche Collegium musicum zu übernehmen und damit auch außerhalb der Hauptkirchen Fuß zu fassen. Das Ensemble setzte sich fast ausnahmslos aus der Leipziger Studentenschaft zusammen und dürfte ähnlich wie heutzutage die Akademischen Orchester halb-professionellen Ansprüchen genügt haben. Unter dem neuen Leiter kann es erstmals am 12. Juni 1729 namhaft gemacht werden, als das Bachische Collegium musicum einem seiner Mitglieder, dem Jurastudenten Nicolaus Ernst Bodinus, die letzte Ehre erweisen mußte.

Von einem modernen Orchester unterschieden sich die Collegia musica in mehrerer Hinsicht: Größe und Zusammensetzung des Ensembles waren nicht vorab festgelegt, sondern ergaben sich aus den jeweils Mitwirkenden. Auswärtige Gäste waren willkommen und durften bei entsprechender Fertigkeit an den Aufführungen teilnehmen. Von einer regulären Probentätigkeit ist nichts bekannt; vielmehr setzte man sich allem Anschein nach zusammen, um Ouvertüren und Konzerte, kammermusikalische Kompositionen und auch weltliche Vokalwerke vom Blatt weg zu spielen. Obgleich die Veranstaltungen der Collegia musica regelmäßig stattfanden – das

Schottsche Collegium musicum spielte beispielsweise im Sommer jeden Mittwoch von vier bis sechs Uhr, im Winter freitags von acht bis zehn –, handelte es sich nicht um Konzerte im heutigen Sinne. Da es in Leipzig bis zur Einrichtung der Gewandhauskonzerte keinen Konzertsaal gab, traf man sich in einem der zahlreichen Kaffeehäuser. Besonderes Interesse gegenüber der Musik brachte der Kaffeehausbesitzer

Katharinenstraße mit dem Zimmermannschen Kaffeehaus (Mitte, Schellhaferisches Haus). Perspektivischer Abriß von J. G. Schreiber, vor 1750

Gottfried Zimmermann auf, der seit 1720 bis zu seinem Tod 1741 regelmäßig eines dieser Ensembles förderte. Eintritt wurde nicht erhoben, ebensowenig erhielten die Spieler ein Honorar. Zimmermann schaffte aber selbst Instrumente an, um sie den Spielern zur Verfügung zu stellen; vielleicht wartete er für die Musiker auch mit Speis und Trank auf. Wir dürfen annehmen, daß Zimmermann den Kaffeehausbetrieb auch während der wöchentlichen Aufführungen des Collegium musicum aufrecht erhielt und sich durch die Umsatzsteigerung von dem angelockten Publikum – auch Damen waren zugelassen – mehr als entschädigt sah. Die zwanglose Atmosphäre schlägt sich nicht zuletzt darin nieder, daß die Aufführungen im Sommer im Zimmermannschen Garten vor den Toren der Stadt stattfanden. Die Gaststuben waren im übrigen geräumig: Das 1743 gegründete Große Konzert, das als Vorläufer der Gewandhauskonzerte gilt, trat beispielsweise in den Räumen des Gasthauses »Zu den drei Schwanen« am Brühl zeitweilig vor mehr als 300 Zuhörern auf. Gleich nach der Übernahme des Schottschen Collegium musicum mußte Bach ein Repertoire für die wöchentlichen Konzerte zusammenstellen: Für die umfangreichen Kopierarbeiten standen ihm die Thomaner nicht zur Verfügung, da es sich um außergottesdienstliche Veranstaltungen handelte. Vielmehr wurden hierzu verstärkt Familienangehörige herangezogen, da Bach sich auf ihre Arbeit verlassen konnte und er sie überdies nicht zu bezahlen brauchte. Den Bedarf an Musik konnte Bach durch eigene Werke nicht decken. Selbst wenn man beträchtliche Verluste in Betracht ziehen muß, haben die erhaltenen Orchester-Ouvertüren, die Violin- und Cembalokonzerte, die Konzerte für mehrere Soloinstrumente und Orchester sowie die Kammermusikwerke (ein Teil der Werke stammt gewiß schon aus seiner Köthener Zeit), nur einen Bruchteil des erforderlichen Materials ausgemacht. In der Tat lassen sich einige zufällig erhalten gebliebene Werke anderer Komponisten nachweisen, für die Bach damals Aufführungsmaterialien herstellen ließ, darunter eine italienische Kantate von Georg Friedrich Händel und ein Concerto grosso von Pietro Locatelli. Eigens auf die Bedürfnisse der Collegia musica zugeschnitten sind bestimmte weltliche Kantaten, etwa das *Dramma per musica* »Phoebus und Pan« (BWV 201) von 1729 und die humoristische Kaffeekantate »Schweigt stille, plaudert nicht« aus dem Jahre 1734.

Die Collegia musica bildeten zugleich eine Plattform für junge Musiker und Komponisten. Wahrscheinlich haben sich hier die älteren Bach-Söhne erste Meriten als Aufführende wie als Komponisten erworben. Auch wenn man geneigt sein mag, die Arbeit mit dem Collegium musicum als eine bloße Nebentätigkeit des vielbeschäftigten Thomaskantors anzusehen, so kommt ihr doch eine bemerkenswerte kulturhistorische Bedeutung zu: 1733 kündigte Bach die Mitwirkung »eines neuen Clavicymbel, dergleichen allhier noch nicht gehört« an. Ob es sich hierbei um den ersten Nachweis für das in jenen Jahren zur Vollkommenheit entwickelte Pianoforte in Leipzig handelt, sei dahingestellt. Aber offenbar markiert diese Konzertsaison die Geburtsstunde des Klavierkonzerts: Die Konzerterstlinge von Wilhelm Friedemann und Carl Philipp Emanuel Bach lassen sich in diese Zeit datieren, während merkwürdigerweise die orchesterbegleiteten Cembalokonzerte Johann Sebastian Bachs – zumindest in der uns überlieferten Gestalt – erst aus den Jahren 1738 oder 1739 stammen.

Mit der Übernahme des Schottschen Collegium musicum mag Bach 1729 auch Nebenabsichten in seiner Eigenschaft als Thomaskantor verbunden haben. Er konnte sich Hoffnungen machen, die Mitglieder des Ensembles als Aushilfskräfte für die sonntäglichen Gottesdienste heranziehen zu können. Ohne die Verstärkung durch studentische Hilfskräfte wären die ambitionierten Passionsmusiken oder Aufführungen großbesetzter Werke wie der Hochzeitskantate »Dem Gerechten muß das Licht immer wieder aufgehen« (BWV 195) schwerlich zu bewerkstelligen gewesen. Die Arbeit mit dem Collegium musicum hat Bach dennoch offenbar als eine zusätzliche Belastung empfunden, denn er zog sich 1741 nach dem Tode Zimmermanns gänzlich von dessen Leitung zurück, nachdem er sich schon von März 1737 bis September 1739 durch Carl Gotthelf Gerlach, den Musikdirektor der Neukirche, hatte vertreten lassen.

Berücksichtigen wir schließlich, daß Bach auch für auswärtige Besteller gearbeitet hat – die Ehrentitel der Höfe in Weißenfels und Köthen erforderten von Zeit zu Zeit Kompositionen zu Geburts- oder Namenstagsfeiern sowie bei Trauerfällen –, so können wir erahnen, wie vielfältig und wie verschieden die Anlässe waren, bei denen Bach als Komponist und Aufführungsleiter tätig wurde.

Nachwirken

Ein altes Vorurteil besagt, daß Bachs Werke nach seinem Tode rasch vergessen worden seien und daher im 19. Jahrhundert einer Wiederentdeckung bedurft hätten. Als Beleg für diese Ansicht wird gerne die Wiederaufführung der Matthäus-Passion durch Felix Mendelssohn Bartholdy und die Berliner Singakademie im Jahre 1829 angeführt. Diese Einschätzung weicht allmählich einer differenzierteren Bewertung. Ungeachtet ihrer Signalwirkung bedeutete diese Aufführung keineswegs den Beginn der Bach-Renaissance; vielmehr war sie ihrerseits nur auf dem Boden einer kontinuierlichen Bach-Pflege der Singakademie möglich.

Auch wenn im Jahre 1790 der Berliner Verleger Johann Carl Friedrich Rellstab eine erste Druckausgabe des bis dahin nur abschriftlich verbreiteten Wohltemperierten Klaviers zur Subskription anbot, die Druckankündigung aber alsbald widerrief, da sich nur wenige Zahlungswillige gefunden hätten, heißt dies nicht – wie man zunächst annehmen würde –, daß das Werk selbst nur auf ein bescheidenes Interesse gestoßen wäre. Das Gegenteil ist der Fall! Allerdings bestand an einer Druckausgabe des anspruchsvollen Werkes nur ein geringer Bedarf, da diejenigen, die vier- und fünfstimmige Fugen zu spielen erlernt hatten, bereits durch ihre Lehrer mit einer Kopie der benötigten Stücke, wenn nicht des ganzen Opus versehen wurden oder es sich für eine eigene Abschrift ausleihen durften. Allein aus der zweiten Hälfte des 18. Jahrhunderts sind mehrere Dutzend Handschriften bekannt, die das Wohltemperierte Klavier vollständig oder große Teile daraus enthalten. Akribische Forschungen im Rahmen der Neuen Bach-Ausgabe haben gezeigt, daß kaum eine dieser Abschriften unmittelbar von einer anderen noch existierenden abgeschrieben worden sein kann. Auf jede erhaltene Handschrift

Neues Bachdenkmal vor der Thomaskirche von Carl Seffner 1908 kommt damit eine, wahrscheinlich sogar mehr als eine inzwischen verschollene Kopie, die dem Wohltemperierten Klavier eine für das 18. Jahrhundert außergewöhnliche Verbreitung gesichert haben. Ähnliches gilt für die zweistimmigen Inventionen und dreistimmigen Sinfonien, die bei Kennern wie Liebhabern gleichermaßen bekannt waren. Betrachtet man die große Zahl an Schülern, die Johann Sebastian Bach seit seiner Weimarer Zeit unterrichtet hat und von denen viele selbst bedeutende Musiker und Pädagogen waren, so nimmt es nicht wunder, daß große Teile von Bachs Klavier- und Orgelkompositionen während des ganzen 18. Jahrhunderts eine beachtliche Verbreitung gehabt haben. Dieses Interesse an Bachs Musik spiegelt sich nicht zuletzt in den Angeboten von Musikalienhändlern mit überregionaler Bedeutung, Breitkopf in Leipzig, Westphal in Hamburg, Rellstab in Berlin und Traeg in Wien, wider und mündet bald nach 1800 in eine Flut von Neuausgaben der zu Bachs Lebzeiten bereits gestochenen und Erstausgaben der nur handschriftlich überlieferten Kompositionen. Hierbei kommt den Leipziger Musikverlegern eine führende Rolle zu. Dies gilt vor allem für das Bureau de Musique, das Franz Anton Hoffmeister und Ambrosius Kühnel 1800 gegründet hatten und das später in dem noch heute bestehenden Verlagshaus C. F. Peters aufging. Auf Hoffmeisters Initiative hin entstand eine erste Auswahlausgabe in 16 Heften, die sich etwas hochtrabend *Œuvres complettes* nannte und einen – durchaus repräsentativen – Querschnitt durch Bachs Klavierschaffen bietet. Als wissenschaftlicher Berater fungierte bald der Göttinger Universitätsmusikdirektor Johann Nikolaus Forkel, einer der kompetentesten Kenner von Bachs Œuvre. Forkel hatte in den 1770er Jahren Kontakt zu den noch lebenden Bach-Söhnen aufgenommen, um authentische Berichte über Johann Sebastian Bach zu sammeln, die er wohl in seiner *Allgemeinen Geschichte der Musik* auswerten wollte. Der Verleger versuchte, ihn zu überreden, das Material in Zusammenhang mit den *Œuvres complettes* zu veröffentlichen; Forkel entschied sich jedoch zu einer separaten Publikation, die 1802 unter dem Titel *Ueber Johann Sebastian Bachs Leben, Kunst und Kunst-*

werke bei Hoffmeister & Kühnel herauskam. Forkel, der aufgrund seiner Aufzeichnungen erkennen mußte, daß Bachs Leben vergleichsweise arm an großen äußeren Ereignissen ist, räumte der Darstellung von Bachs »Kunst« einen großen Raum ein und überlieferte uns in diesem Zusammenhang wichtige Einblicke in Bachs Unterrichtsmethoden. Schließlich fügte Forkel auch ein kommentiertes Werkverzeichnis an.

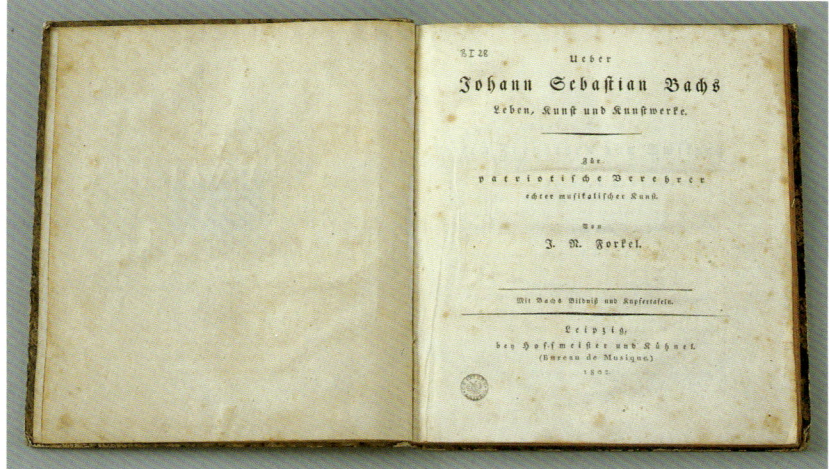

J. N. Forkel, *Ueber Johann Sebastian Bachs Leben, Kunst und Kunstwerke*, Leipzig 1802

Dieses war allerdings alles andere als vollständig, zumal es der Musikgelehrte für nötig hielt, Bachs Jugendwerke als Jugendsünden abzutun und sie daher soweit möglich mit Stillschweigen überging. Während die Klavier- und Orgelwerke recht detailliert besprochen werden – nicht zuletzt um den Absatz der *Œuvres complettes* zu befördern –, begnügte Forkel sich bei den Vokalwerken mit einer summarischen Verzeichnung, die auf dem 1754 veröffentlichten Nekrolog basierte. Ergänzt wurde sie nur durch eine Aufzählung der in der Sammlung der Prinzessin Anna Amalia von Preußen verwahrten Kompositionen, die durch testamentarische Verfügung in den Besitz des Joachimsthalschen Gymnasiums in Templin übergegangen war.

Von einer vergleichbaren Kontinuität, wie sie sich für die Pflege der Instrumentalkompositionen abzeichnet, kann auf dem Gebiet der Vokalmusik aus zahlreichen Gründen schwerlich die Rede sein. Zunächst steht anzunehmen, daß Bach mit der Weitergabe seiner Vokalwerke zurückhaltender als mit der seiner Instrumentalkompositionen war. Immerhin handelte es sich bei den Kirchenkantaten um ein Gebrauchsrepertoire, das turnusmäßig wieder zu Aufführungen in Leipzig herangezogen werden sollte. Der Thomaskantor konnte daher kein Interesse daran haben, daß diese Werke in aller Hände gelangten. Grundsätzlich hatte Bach zwar keine Bedenken, eigene Werke zu verleihen, doch sah er sich nach mehreren schlechten Erfahrungen seit spätestens 1739 genötigt, keine Partituren mehr aus der Hand zu geben, sondern nur noch die Stimmensätze, für die im Falle eines Verlustes leichter Ersatz beschafft werden konnte.

Für die Verbreitung und Rezeption von Bachs Vokalwerken bedeutete sein Tod 1750 eine entscheidende Zäsur. Die Notenbibliothek war Bachs Privateigentum gewesen und so im Besitz der Familie verblieben. Der Bestand an Musikalien wurde wohl auf alle Erbberechtigten verteilt, wobei Friedemann Bach, der als Musikdirektor in Halle als einziger ein kirchenmusikalisches Amt innehatte, nach mündlicher Überlieferung »das meiste« erhalten haben soll. Ähnlich wie im Falle ihrer Amtsvorgänger Johann Schelle und Johann Kuhnau bot Bachs Witwe Anna Magdalena ihr Erbteil, für das sie keine Verwendung haben konnte, dem Rat der Stadt für die Thomasschule an. Noch im Jahre 1750 kam der Handel zustande, der die Schule in den Besitz von wenigstens 45 Stimmensätzen zu Kantaten des sogenannten Choralkantaten-Jahrgangs setzte. Als einziger originaler Quellenbestand hat er Leipzig – sieht man von kurzzeitiger Auslagerung im Zweiten Weltkrieg ab – nie verlassen. Bachs Amtsnachfolger haben die in der Thomasschule verwahrten Originalstimmen zum Choralkantaten-Jahrgang nachweislich genutzt: Diese weisen Eintragungen und gelegentlich Zusatzstimmen aus der Amtszeit von Gottlob Harrer (1750 – 1755) und Johann Friedrich Doles (1755 – 1789) auf. August Eberhard Müller (Thomaskantor von 1804 bis 1809) ließ viele Choralkantaten nach den Stimmen in Partitur setzen; in welchem Maße die

Anfertigung von Partituren Aufführungs- oder Studienzwecken dienten, ist im einzelnen noch nicht geklärt. Verschiedene Bach-Sammler haben sich in der ersten Hälfte des 19. Jahrhunderts einzelne Kantaten in der Thomasschule abgeschrieben, so daß sich eine kontinuierliche, wenn auch wohl insgesamt eher bescheidene Rezeption dieses Teils von Bachs Vokalschaffen in Leipzig abzeichnet.

Dabei waren es nicht Vorbehalte gegen die Musik, sondern praktische Gründe, die einer Aufführung von Bachs Kantaten im Wege standen. Die Idee eines Kantatenkonzerts um der Musik willen war undenkbar, und gegen eine Verwendung im Gottesdienst sprachen die Texte, deren Drastik und theologische Aussagen man als hoffnungslos veraltet empfand. Carl Friedrich Zelter, als Leiter der Berliner Singakademie einer der besten Kenner der Materie, wetterte mehr als einmal gegen die »verruchten deutschen Kirchen-Texte«. Aus dieser Polemik wird deutlich, daß sich die Zuhörer durch die Inhalte nicht mehr angesprochen fühlten, andererseits die Distanz aber auch nicht so groß war, daß man geneigt gewesen wäre, die Kantatentexte einfach als historische Dokumente hinzunehmen.

Es ist daher kein Wunder, daß es nicht Bachs Kirchenkantaten, sondern andere Gattungen der Vokalmusik waren, die um 1800 das Bild von Bach als Kirchenkomponist prägten. Die Motetten gehörten seit eh und je zu den Paradestücken des Thomanerchores. Berühmt ist Wolfgang Amadeus Mozarts Besuch in Leipzig im Jahre 1789, bei dem er erstmals diese Kompositionen kennenlernte. Nach einer anekdotischen, aber durchaus glaubhaften Erzählung soll sich Mozart nach dem Hören Einsicht in die Noten erbeten haben. Eine Partitur gab es nicht, da sie so fest sie zum Repertoire gehörten, daß eine solche bei Aufführungen nicht benötigt wurde. Mozart behalf sich damit, zum Studium des doppelchörigen Werks alle Stimmen vor sich auszubreiten. Auf sein Verlangen wurde eine Partiturabschrift der Motette »Singet dem Herrn ein neues Lied« (BWV 225) angefertigt; die eigenhändige Bemerkung »NB. Müßte ein ganzes Orchestre dazu gesetzt werden« auf der heute in den Sammlungen der Gesellschaft der Musikfreunde in Wien verwahrten Handschrift läßt es möglich erscheinen, daß Mozart eine Aufführung des Werkes nach seiner Rückkehr ernsthaft erwog. Es waren die Motetten, mit denen Breitkopf & Härtel 1802 die Reihe von Ausgaben Bachscher Vokalkompositionen eröffnete. 1805 folgte eine doppelchörige Messe, die man für eine Komposition Bachs hielt, die aber in Wirklichkeit ein von

Joh. Seb. Bachs
Motetten in Partitur,
Erstausgabe von
J. G. Schicht,
Leipzig 1802

Bach kopiertes Werk eines älteren Komponisten ist. Simrock in Bonn griff diese Anregung auf, und da bei den lateinischen Werken keine Vorbehalte gegen den Text erhoben werden konnten, lagen bald das Magnificat (BWV 243a) und die

Messen in A-Dur (BWV 234) und G-Dur (BWV 236) in Neuausgaben vor. Erst um 1830 wagte man sich an die Kirchenkompositionen mit deutschen Texten, die Passionen und ausgewählte Kirchenkantaten. Der Verlag C. F. Peters verstärkte zur selben Zeit seine Bemühungen um eine Gesamtausgabe der Klavier- und Orgelkompositionen, für die zunächst der Pädagoge Carl Czerny verantwortlich war. Er wurde später durch Friedrich Konrad Griepenkerl abgelöst. Mendelssohn stand hingegen mit Breitkopf & Härtel in Verbindung und veröffentlichte dort eine Reihe von Ausgaben.

Bach-Denkmäler

Die Idee, Johann Sebastian Bach durch ein Denkmal zu ehren, stammt von Felix Mendelssohn Bartholdy, der seit 1837 als Musikdirektor am Gewandhaus eine Führungsposition im Leipziger Musikleben einnahm. Mendelssohn hatte mit der Berliner Wiederaufführung der Matthäus-Passion im Jahre 1829 entscheidenden Anteil daran, daß sich die Bach-Renaissance auch dem lange vernachlässigten Vokalschaffen zuwandte. Ähnliche Bedeutung kommt seinen Leipziger Konzertprogrammen zu, mit denen er Johann Sebastian Bachs Instrumentalkonzerte, die Orchestersuiten und Kammermusikwerke einem breiten Publikum erschloß. Mendelssohn setzte sich zudem als Spieler wie als Herausgeber für die weitere Verbreitung von Bachs Orgelkompositionen ein. Schon bald nach der Aufnahme seiner Arbeit in Leipzig deutete er Freunden gegenüber sein Projekt eines Bach-Denkmals an. 1840 trat er mit seinem Anliegen an die Öffentlichkeit, in dem er für den 6. August ein Benefizkonzert mit den folgenden Worten ankündigte:

»Bis jetzt bekundet kein äußeres Zeichen in Leipzig das lebendige Andenken an den größten Künstler, den diese Stadt je besessen ... Da aber in der jetzigen Zeit sein Geist und seine Werke mit neuer Kraft hervortreten und die Teilnahme dafür in den Herzen wahrer Musikfreunde nie verlöschen wird, so ist zu hoffen, daß ein solches Unternehmen bei den Bewohnern Leipzigs Anklang und Beförderung finden möge.«

Mendelssohn stellte nicht nur den Erlös dieses Konzertes für das geplante Monument zur Verfügung; auch die Einnahmen der ersten Leipziger Aufführung der Matthäus-Passion in neuerer Zeit, am Palmsonntag 1841, kamen dem Bach-Denkmal zugute. Mendelssohn bestimmte die ausführenden Künstler. Seinen Jugendfreund Eduard Bendemann bat er um Entwürfe, bei denen ihn dessen Schwager Julius Hübner unterstützte. Viele Anregungen Mendelssohns wurden bei der Gestaltung des Denkmals berücksichtigt, ehe der Leipziger Bildhauer Hermann Knaur und der Steinmetz Friedrich Moritz Hiller mit der Ausführung betraut werden konnten. Im Dezember 1842 war das Werk vollendet.

Das Sandsteinmonument besteht aus vier Reliefs auf einem Säulenbündel, die von einem viergiebligen Dach und einer Kreuzblume überragt werden. Die Schauseite weist ein Porträt des Thomaskantors nach dem in der Ratsstube verwahrten Altersbildnis des Komponisten auf. Die drei übrigen Seiten deuten mit ihren idealisierten Darstellungen auf Tätigkeitsbereiche hin, die man als die für Bach wichtigsten ansah: Die Ostseite schmückt ein orgelspielender Engel; Kreuz, Dornenkrone und Kelch symbolisieren auf der Südseite Bachs Passionsmusiken, während auf der Westseite ein Engel, der Knaben im Singen unterrichtet, Bachs Kantorenamt verkörpern soll. Die feierliche Einweihung des Denkmals war ursprünglich für den 23. März, Bachs Tauftag, geplant; dieses wurde dann aber erst am 23. April 1843 im Anschluß an ein Konzert im Gewandhaus enthüllt. Zu diesem Anlaß hatte sich auch Bachs letzter noch lebender Enkel, Wilhelm Friedrich Ernst Bach, angemeldet, der als pensionierter Kapellmeister der preußischen Königinnen Elisabeth Christine und Luise von der Öffentlichkeit weitgehend zurückgezogen in Berlin lebte. Der greise Enkel des Thomaskantors wurde in der Presse gefeiert.

Mendelssohns bescheidenes, zum Nachdenken anregendes Bach-Denkmal hinter der Thomasschule entsprach schon bald nicht mehr dem Repräsentationsdenken der Gründerzeit. Zur Feier des 200. Geburtstages im Jahre 1885 plante man ein neues Denkmal, beließ es dann aber bei der Anbrin-

Altes Bachdenkmal von F. Mendelssohn und E. Bendemann 1843

gung einer Gedenktafel an der Südseite der Johanniskirche, mit der man die Erinnerung an Bachs Grabstätte wachhalten wollte. Mit der Johanniskirche ist die Tafel mit der Inschrift »Auf dieser Seite des ehemaligen Johanniskirchhofs wurde Johann Sebastian Bach am 31. Juli 1750 begraben« im Zweiten Weltkrieg verlorengegangen. Eine schlichte Gedenktafel auf dem Johannisfriedhof erinnert an Bachs Grab und an seine einstige Lage auf der heutigen Freifläche auf der Westseite vor dem Grassimuseum.

Ein Bach-Denkmal ganz anderer Art stellt das bei der Beschreibung der Thomaskirche bereits erwähnte Bach-Fenster von 1895 dar. Bach wird hier am Ende des 19. Jahrhunderts gleichberechtigt neben Luther und Gustav Adolf von Schweden zum Bewahrer des lutherischen Glaubens erklärt. Die Vorstellung, Bach sei geradezu ein fünfter Evangelist gewesen, der durch seine Musik die frohe Botschaft verkündet, findet hier ihren wohl deutlichsten Niederschlag.

In merkwürdigem Kontrast zu diesen idealistischen Darstellungen steht die Besinnung auf Bachs irdische Überreste, die fast gleichzeitig einsetzte. Beim Umbau der Johanniskirche entschied man sich, nach Bachs Gebeinen suchen zu lassen, um diese in einer Gruft vor dem Altar beizusetzen. Mündliche und schriftliche Überlieferungen ließen hoffen, daß Bachs Begräbnisstätte auf dem aufgelassenen Johannisfriedhof wiedergefunden werden konnte. An der erwarteten Stelle traf man auf die Reste von drei Eichensärgen; einer von ihnen enthielt die Gebeine eines älteren Mannes, die der Anatom Wilhelm His als Leiter eines Expertenteams mit großer Wahrscheinlichkeit für die Johann Sebastian Bachs erklärte. Am 16. Juli 1900 wurden die Gebeine in einem Sarkophag in der neugebauten Johanniskirche beigesetzt. Einmal mehr wurde gleichzeitig der Plan eines Bach-Denkmals betrieben, für das der Porträtplastiker Carl Seffner, der bei der Identifizierung der Gebeine Bachs mitgewirkt hatte, erste Entwürfe vorlegte. Der Stadtrat entschied sich aber gegen den vorgesehenen Standort bei der Johanniskirche und beschloß, das 1883 errichtete Leibniz-Denkmal vor der Thomaskirche zugunsten eines neuen Bach-Denkmals umzusetzen. Mehrere Kleinplastiken, die Seffner zu Anschauungszwecken schuf (heute im Bach-Archiv Leipzig), stellen Bach vor einem mächtigen Orgelpositiv dar. In der endgültigen Gestalt ist die Orgel hinter Bach nur noch angedeutet, der Thomaskantor in Staatsrock und Perücke als Leiter der Kirchenmusiken steht im Mittelpunkt. Die rechte Hand umfaßt eine Notenrolle, als wolle Bach seinen Musikern einen Einsatz geben – zum Glück hatte man noch rechtzeitig erkannt, daß der ursprünglich vorgesehene Taktstock zu Bachs Zeit noch gar nicht in Gebrauch war. Auf der linken Seite hängt ein Taschentuch aus dem Rock. Von Reiseführern wird dieser Befund gern als eine umgestülpte Rocktasche gedeutet, als wolle Bach damit gegen seine schlechte Bezahlung demonstrieren.

Bach-Pflege heute

Thomanerchor

Der Thomanerchor nimmt in der Bach-Pflege traditionell eine führende Rolle ein. Auch in der DDR-Zeit hatte man ihn und den Namen Bach als Aushängeschilder benutzt, war aber zugleich bestrebt, sie mit sozialistischen Ideen zu verbinden. Der Versuch, die Musik Johann Sebastian Bachs von ihrem lutherischen Hintergrund fernzuhalten, führte zu der absurden Situation, daß man den Thomanerchor nur als ein quasi weltliches Ensemble an den Gottesdiensten in St. Thomas mitwirken ließ, die Sängerknaben den Gottesdienst aber noch vor der Predigt verlassen mußten, um sie von der aus Sicht der DDR-Führung und ihrer Getreuen unerwünschten christlichen »Propaganda« fernzuhalten. Heute ist der Thomanerchor wieder fest in die Gottesdienste an St. Thomas integriert. Außer in der Sommerpause und während der Konzertreisen, die den Chor in alle Welt führen, treten die Thomaner jede Woche mit Werken Johann Sebastian Bachs auf: Jeden Freitag finden um 18 Uhr sogenannte Motetten statt, bei denen das a-cappella-Repertoire des 16. bis 20. Jahrhunderts gepflegt wird. Den Höhepunkt der Motettenveranstaltung am Samstagnachmittag bildet in der Regel eine Kantate des großen Thomaskantors, die mit Blick auf den Ablauf des Kirchenjahres ausgewählt wird. Zu den Aufführungen ist traditionsgemäß das Gewandhausorchester verpflichtet; für Aufführungen nach historischer Praxis werden aber auch spezialisierte Ensembles herangezogen. Die Motetten sind nun in der Form einer Vesper angelegt, so daß Raum bleibt für eine religiöse Andacht und ein Gemeindelied, das im Wechsel zwischen Thomanerchor und den Motettenbesuchern gesungen wird. Die Thomaner wirken auch bei den Sonntagsgottesdiensten in erheblichem Umfang mit, wobei jedoch eine Aufführung

Thomaner am Bach-Grab

vollständiger Kantaten nicht zuletzt aus Zeitgründen nur an hohen Festtagen realisiert werden kann. In den Sommerferien der Thomaner besteht die Möglichkeit, Orgelvespern in St. Thomas beizuwohnen.

Neue Bachgesellschaft e.V.

Eine erste Vereinigung, die sich dem Namen nach der Verbreitung und Pflege der Musik Johann Sebastian Bachs verschrieben hatte, war im Oktober 1849 in London gegründet worden. Die Einrichtung dieser Bach Society, die nur bis 1870 bestand, trug maßgeblich zu einer Popularisierung Bachs in England bei. Bach hatte dort bis dahin gänzlich im Schatten Georg Friedrich Händels gestanden, auch wenn einige wenige seiner Kompositionen schon zu Lebzeiten den Weg nach England gefunden hatten. Wahrscheinlich gab die Bach Society den Anstoß, auch in Deutschland eine Bach-Gesellschaft ins Leben zu rufen. Robert Schumann hatte entsprechende Pläne schon seit 1837 propagiert. Zur Gründung einer Bachgesellschaft mit dem Hauptziel, eine kritische Gesamtausgabe seiner Werke vorzulegen, bot sich die Zentenarfeier 1850 an. Neben Schumann traten der musikbegeisterte Altphilologe und Archäologe Otto Jahn, der Leipziger Thomaskantor Moritz Hauptmann sowie der Professor für Orgel und Musikgeschichte am Leipziger Konservatorium, Carl Ferdinand Becker, in den ersten Jahren entscheidend hervor. Die Gesamtausgabe wurde vom Leipziger Verlagshaus Breitkopf & Härtel übernommen, das darin eine Chance witterte, sich in Sachen Bach endgültig gegen den Dauerkonkurrenten C. F. Peters durchzusetzen. Schon Ende des Jahres 1851 lag der erste Band der Gesamtausgabe vor, der zehn geschickt ausgewählte Kantaten vereinigte, um dadurch das außerordentliche Spektrum von Bachs Schaffen eindrucksvoll darzulegen. Die Bedeutung des Vorhabens kann nicht hoch genug eingeschätzt werden: Erstmals wurde damit im deutschsprachigen Raum das Werk eines bedeutenden Musikers vergangener Zeiten vollständig überschaubar; auch als wissenschaftliche Leistung setzte die Bach-Ausgabe Maßstäbe, da sie die zugrundegelegten Quellen identifizierte und gewichtete, auf

Eingriffe durch die Herausgeber nach Möglichkeit verzichtete und über wesentliche Abweichungen der Quellen Aufschluß gab. Mit dem Erscheinen des 46. Bandes der Bach-Ausgabe, mit dem die Gesellschaft die Herausgabe sämtlicher Werke nach dem Kenntnisstand der Zeit als beendet ansehen konnte, löste sie sich satzungsgemäß auf, konstituierte sich aber sofort unter dem Namen Neue Bachgesellschaft mit geänderter Zielsetzung neu: Die Neue Bachgesellschaft e.V., die am 27. Januar 1900 in Leipzig gegründet wurde, hat es sich zur Aufgabe gemacht, die Musik Johann Sebastian Bachs zu pflegen, zu verbreiten und Leben, Werk und Nachwirken Bachs zu erschließen.

1906 konnte sie in Eisenach das Haus, das man für das Geburtshaus des Komponisten hielt, erwerben und wenig später als Gedenkstätte der Öffentlichkeit zugänglich machen. Zu den wichtigsten Aufgabenfeldern der Neuen Bachgesellschaft e.V., die ihren Sitz jetzt im Haus Thomaskirchhof 16 hat, gehören außer dem Unterhalt des Bachhauses in Eisenach die Ausrichtung von jährlichen Bachfesten in Deutschland und im grenznahen Ausland sowie die Herausgabe des Bach-Jahrbuchs. Mit den Bachfesten werden einem breiten Publikum Konzertreihen angeboten, die gewöhnlich thematisch konzipiert sind, um Bachs Schaffen mit bestimmten Regionen und seinen bedeutendsten Zeitgenossen in Zusammenhang zu bringen oder seine Wirkung auf spätere Komponistengenerationen zu dokumentieren. Oftmals sind in die Bachfeste wissenschaftliche Konferenzen eingebunden, die entsprechend den thematischen Schwerpunkten Ergebnisse, Aufgaben und Möglichkeiten der Bach-Forschung vorstellen. Das Bach-Jahrbuch ist erstmals 1904 erschienen und zeichnet sich seither durch Seriosität, Aktualität und hohe Qualitätsmaßstäbe aus. Als einziges Periodikum, das dem Leben und Schaffen eines einzigen Komponisten gewidmet ist, kann es nun schon auf eine fast einhundertjährige Tradition verweisen. Es konnte seine Ausnahmestellung auch in der heutigen Zeit behaupten, in der sonst die anglo-amerikanische Bach-Forschung der deutschen den Rang längst abgelaufen zu haben scheint.

Als einer von nur wenigen gemeinnützigen Vereinen konnte die Neue Bachgesellschaft e.V. die Zeit der deutschen Teilung ohne Spaltung überstehen. Die politische Wende von 1989 hat es ermöglicht, der historischen Bedeutung Leipzigs gerecht zu werden und die Stadt bei der Vergabe der Bachfeste bevorzugt zu behandeln: Wenn im Juli 2000 des 250. Todestags des Komponisten gedacht wird, wird das 75. Bachfest der Neuen Bachgesellschaft, das unter dem Motto »Bach – Ende und Anfang« steht, Mittel- und Höhepunkt aller Veranstaltungen zu Ehren Bachs sein. Über die laufende Arbeit und über neue Projekte gibt der Verein, der derzeit (Anfang 2000) mehr als 3200 Mitglieder weltweit hat, in seinen Mitteilungsblättern Rechenschaft.

Jährliche Bachfeste der Stadt Leipzig

Ohne Übertreibung darf man behaupten, daß ein kulturelles Leben in Leipzig ohne Bach um vieles ärmer wäre. Kein Wochenende vergeht, ohne daß in einer der Leipziger Kirchen Werke des Thomaskantors im Gottesdienst erklängen, kaum eine Woche dürfte verstreichen, ohne daß ein Konzert gänzlich oder zu großen Teilen seinem Werk gewidmet wäre. Die Passionen, das Weihnachts-Oratorium und die h-Moll-Messe kommen alljährlich durch die verschiedensten Ensembles zu Gehör. Die kontinuierliche Pflege hat für den auswärtigen Besucher Vorteile wie Nachteile, wobei die Vorteile gewiß deutlich überwiegen: Zu jeder Jahreszeit ist das Werk Bachs an den originalen Stätten präsent. Dennoch fehlte es bislang an einem regelmäßig stattfindenden herausragenden Ereignis von überregionaler Ausstrahlung. Auf Initiative der Stadt Leipzig wurden daher jährliche Bachfeste ins Leben gerufen, als deren künstlerischer Leiter der Thomaskantor Georg Christoph Biller fungiert. Diese sollen ab 1999 in jedem Jahr, in denen die Bachfeste der Neuen Bachgesellschaft e.V. nicht in Leipzig stattfinden, im Mai oder Juni unter Einbeziehung des Himmelfahrtstages gefeiert werden. Das Bachfest Leipzig 1999 zeichnete sich durch Vielseitigkeit und Unkonventionalität aus und soll für die Zukunft Maßstäbe setzen: Das Eröffnungskonzert war (ganz traditionell) den Thomanern und dem Gewandhausorchester unter Leitung des Thomaskantors vorbehalten; hierauf folgten zahlreiche Konzerte, unter anderem Experimentelles wie ein Wandelkonzert an verschiedenen historischen Orten und ein Abend mit Bach-Kreationen unter Beteiligung des Leipziger Balletts. In Anlehnung an Gepflogenheiten der Bach-Zeit sangen bei den abschließenden Festgottesdiensten die Thomaner in vier Leipziger Kirchen; die Stelle der im Krieg zerstörten Johannis- und Matthäikirche werden auch künftig die Neue Peters- und die Lutherkirche vertreten.

Bach-Spuren

Stadt-Archiv Leipzig

Das Wirken Johann Sebastian Bachs hat vielerorts Spuren hinterlassen, die jedoch selten so spektakulär sind, daß sie sich dem Besucher auf Anhieb erschlössen. Das Stadtarchiv Leipzig, das seit 1994 in neuen Räumen in der Torgauer Straße 74 untergebracht ist, ist vor allem für die archivalische Überlieferung der Stadtverwaltung Leipzigs zuständig und bewahrt damit eine Vielzahl an Aktenstücken und Dokumenten auf, die auf Bachs Arbeit als Thomaskantor eingehen. Dabei handelt es sich um Verträge wie die Anstellungsurkunde, Eingaben und Beschwerden von und über Bach, überwiegend aber um Abrechnungen wie die Quartalszahlungen oder Quittungen über den Erhalt von Gratifikationen oder die Auszahlung von Stiftungen. Wichtige Quellen im Stadtarchiv Leipzig sind auch die Archivalien der Thomasschule und die hiesigen Zeitungen, die den Zeitraum seit 1730 dokumentieren. Das Stadtarchiv besitzt auch eine große Sammlung von Stadtplänen und Ansichten sowie historischer Fotografien. Viele Dokumente mögen nüchtern, fast unbedeutend erscheinen. Gesammelt und kommentiert eröffnen sie jedoch wichtige Einblicke in Bachs Leipziger Wirken. Diese Aufgabe konnte mit den beiden ersten Bänden der Bach-Dokumente, die Werner Neumann und Hans-Joachim Schulze in den Jahren 1963 und 1969 vorgelegt haben, erfüllt werden. Diese Bände erschließen mehr als 600 Schriftstücke aller Art aus der Zeit bis 1750, ein beträchtlicher Teil davon sind Archivalien des Stadtarchivs. Doch konnten seither einige unbeachtet gebliebene Bach-Dokumente ermittelt werden. Eine Benutzung der Materialien ist zu wissenschaftlichen Zwecken möglich, wobei zum Schutz der unersetzbaren Archivalien die Arbeit an den Originalen besonderen Auflagen unterliegt.

Bach-Siegel

Siegel mit den als Monogramm verschlungenen Initialen JSB

Bosehaus, Sommersaal

Leipziger Städtische Bibliotheken, Musikbibliothek

Die historisch gewachsene Sammlung, deren Quellenbestände bis in die Zeit um 1500 zurückreichen, entstammt teils der Musikabteilung der Leipziger Stadtbibliothek (gebildet 1856) teils der Musikbibliothek Peters (gegründet 1894). Für die Bach-Forschung sind folgende Teilsammlungen von besonderer Bedeutung, die durch gedruckte Kataloge erschlossen sind: Zum einen handelt es sich um die Privatbibliothek von Carl Ferdinand Becker, der selbst Thomaner und um die Mitte des 19. Jahrhunderts als Organist, Musiktheoretiker und Musikbibliograph eine Leipziger Autorität war. Seine umfangreiche Sammlung übertrug er noch zu Lebzeiten gegen eine Leibrente der Stadt. Sie ist besonders reich an theoretischen Schriften, umfaßt aber auch Erstausgaben und frühe Drucke Bachscher Werke sowie wertvolle Bach-Handschriften, besonders von Orgelwerken. Eines der Schmuckstücke der Becker-Sammlung ist das Andreas-Bach-Buch (so benannt nach einem seiner zeitweiligen Besitzer), eine Sammelhandschrift des frühen 18. Jahrhunderts, die der ältere Bruder des Komponisten, Johann Christoph, in Ohrdruf angelegt hatte und die eine der wichtigsten Quellen für Johann Sebastian Bachs frühe Clavier-Kompositionen darstellt.

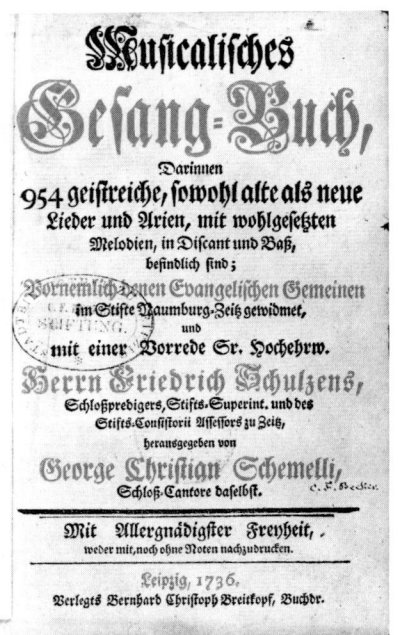

Schemelli-Gesangbuch, zu dem Bach 69 Liedweisen beisteuerte, Leipzig 1736, Titelblatt

Weitere Bach-Handschriften des 18. und frühen 19. Jahrhunderts, die bei anderer Gelegenheit erworben wurden, sind heute zusammen mit der Sammlung des Universitätsprofessors Karl Heinrich Ludwig Pölitz aufgestellt. Eine wesentliche Bereicherung bedeutet auch die Sammlung Manfred Gorke, die 1935 für die Stadtbibliothek erworben wurde. Dank der Initiative des Inhabers des Musikverlags C. F. Peters, Max

Abraham, wurde 1894 die Musikbibliothek Peters öffentlich zugänglich gemacht, der Bestand der »Leihanstalt für musikalische Literatur« von Alfred Dörffel diente dabei als Grundstock. Sie geht also nicht, wie man angesichts der Bedeutung des Verlages für die Verbreitung der Werke Bachs erwarten könnte, auf den in der Mitte des 19. Jahrhunderts für Ausgaben genutzten Bestand an Handschriften zurück (diese wurden nach dem Abdruck vielmehr als wertlos angesehen und auf einem Tabaksboden unsortiert aufbewahrt und im Laufe der Zeit zerstreut), sondern auf gezielte Ankäufe im frühen 20. Jahrhundert. Hierbei konnten unter anderem eine thüringische Quellensammlung aus dem zweiten Drittel des 18. Jahrhunderts, die auf Johann Nicolaus Mempell und seinen Schüler Johann Gottlieb Preller in Apolda zurückgeht, erworben werden. Wertvolle Bach-Autographen, die aus dem Erbteil Wilhelm Friedemann Bachs stammen, wurden 1917 aus der Sammlung von Ernst Rudorff angekauft.

Im Zuge der sogenannten Arisierung wurde die Musikbibliothek 1939 durch einen von den Nationalsozialisten eingesetzten Treuhänder zusammen mit dem Verlag zwangsverkauft. Walter Hinrichsen, Sohn des letzten, 1942 im Konzentrationslager Theresienstadt ums Leben gekommenen jüdischen Firmeninhabers, ließ sich als amerikanischer Offizier bei der Besetzung Leipzigs 1945 einige besonders wertvolle Stücke – darunter mehrere Bach-Autographen – aushändigen und nahm sie mit sich nach New York. Aufgrund eines Dauerleih- und Verwahrungsvertrages, der mit dem heute in Frankfurt ansässigen Verlagshaus geschlossen wurde, stehen die Bestände der Musikbibliothek Peters auch künftig den Besuchern der Stadtbibliothek zu wissenschaftlichen und kulturellen Zwecken zur Verfügung.

Stadtgeschichtliches Museum

Das Stadtgeschichtliche Museum, das im Alten Rathaus am Markt untergebracht ist, informiert ausführlich über die politische, kulturelle und wirtschaftliche Entwicklung der Stadt seit der Verleihung des Stadtrechts um 1165. Von besonderem Interesse für den Bach-Freund ist die ehemalige Ratsstube, in der der designierte Thomaskantor seinen Anstellungsvertrag unterzeichnet hat und mit seinen Vorgesetzten zusammengetroffen ist. Heute wird dort ein Bildnis Johann Sebastian Bachs gezeigt, das 1746 von dem als Porträtmaler bekannt gewordenen Elias Gottlob Haußmann angefertigt wurde. Das Gemälde, das hier als Frontispiz wiedergegeben ist, bildet den Thomaskantor mit einem kontrapunktischen Kunststück,

Altes Rathaus, Ratsstube

einem Rätselkanon, in der Hand ab. (Eine zweite, 1748 angefertigte Fassung des Gemäldes, die das Leipziger Bildnis an Qualität noch übertrifft, da es keine späteren Übermalungen aufweist, befindet sich heute in amerikanischem Privatbesitz; eine dritte ist seit dem frühen 19. Jahrhundert verschollen.) Die Geschichte der Überlieferung des Leipziger Porträts im 18. Jahrhundert bleibt unklar. Erst um 1800 ist es als Besitz des Thomaskantors August Eberhard Müller nachgewiesen, der es in der Thomasschule aufhängen ließ und Ende 1809 der Schule als Geschenk überließ. In unmittelbarer Nähe des Bach-Bildnisses hängt heute ein gleichfalls von Haußmann stammendes Porträt von Gottfried Reiche, dem Senior der

Leipziger Stadtpfeifer bis 1734. Das Museum besitzt auch eine reiche Sammlung von Plänen, Ansichten und Porträts zur Stadtgeschichte.

Musikinstrumenten-Museum

Das Musikinstrumenten-Museum der Universität Leipzig, Täubchenweg 2c, verwahrt mehr als 5000 historische Instrumente und ist damit die wahrscheinlich größte und bedeutendste Sammlung dieser Art in Europa. Es wurde 1929 durch den Ankauf der Sammlung des Kölner Papiergroßhändlers Wilhelm Heyer begründet; deren Kernbestand ging auf den Niederländer Paul de Wit zurück, der seit 1879 in Leipzig ansässig war und seine Kollektion historischer Instrumente im Thomaskirchhof 16 präsentiert hatte.

Leider fehlen Details über Johann Sebastian Bachs Besitz an Instrumenten. Die Tatsache aber, daß der jüngste Bach-Sohn Anspruch auf nicht weniger als drei Klavierinstrumente seines Vaters erhoben hatte, läßt ahnen, daß es sich einst um eine stattliche Anzahl von Instrumenten gehandelt haben muß. Dennoch kann heute nur noch ein einziges Instrument plausibel auf Johann Sebastian Bach zurückgeführt werden: Ein Cembalo aus der thüringischen Instrumentenbauerwerkstatt Harraß, das 1890 in das Musikinstrumentenmuseum zu Berlin gelangte, hat in der zweiten Hälfte des 18. Jahrhunderts mit großer Wahrscheinlichkeit Wilhelm Friedemann Bach gehört und mag ursprünglich aus dem Besitz seines Vaters stammen.

Tenor-Viola da Gamba, M. Hoffmann 1688

Die Sammlungen des Musikinstrumentenmuseums in Leipzig bieten einen umfassenden Einblick in das Instrumentarium der Bach-Zeit. Die konkurrenzlose Sammlung von Zeugnissen des hochentwickelten Leipziger Instrumentenbaus des

18. Jahrhunderts steht unmittelbar mit dem Wirkungsfeld Johann Sebastian Bachs in Beziehung. Eine Auswahl repräsentativer Instrumente der Bach-Zeit wurde dem Bach-Museum im Bach-Archiv Leipzig als Dauerleihgabe zur Verfügung gestellt.

Ab dem Jahr 2000 soll in neugestalteten Räumen des Museums eine zweiteilige Dauerausstellung zum Thema Bach und die Musikinstrumente seiner Zeit gezeigt werden. In einem ersten Teil werden die Entwicklung des Pianofortes bis zur Mitte des 18. Jahrhunderts und Bachs Beziehungen zu Gottfried Silbermann, der die Hammermechanik des Instruments vervollkommnete und es damit in Deutschland hoffähig machte, beleuchtet werden. In einem zweiten Teil werden Instrumente aus dem künstlerischen Umfeld Johann Sebastian Bachs ausgestellt. Hierzu gehören zahlreiche Streich- und Zupfinstrumente aus der Werkstatt von Martin Hoffmann, dem Bach 1734 auch die Instandhaltung der Streichinstrumente der beiden Leipziger Hauptkirchen übertragen hatte. Neben weiteren Streich-, Zupf- und Holzblasinstrumenten aus Leipziger Werkstätten (darunter ein fast 4 Meter hohes Subkontrabassfagott) wird auch der Leipziger Klavier- und Orgelbau dokumentiert. Einen ganz unmittelbaren Bach-Bezug weisen die bescheidenen Reste der Orgel der Johanniskirche auf, die 1893/94 beim Abriß des Alten Kirchgebäudes abgetragen worden war: Das von 1742 bis 1744 von Johann Scheibe errichtete Werk war seinerzeit durch Johann Sebastian Bach und den befreundeten Orgelbauer Zacharias Hildebrandt abgenommen worden. Bach hat dabei auf der erhalten gebliebenen Orgelbank Platz genommen.

Bach-Archiv Leipzig

Das Bach-Archiv Leipzig sammelt, bewahrt und verzeichnet alles verfügbare dokumentarische und literarische Material zu Johann Sebastian Bach und seiner Familie. Es wurde 1950 als städtische Einrichtung gegründet und stand bis 1973 unter der Leitung von Werner Neumann. Nach dessen Tod wurde es aus politischen Gründen in die 1979 neugegründeten »Nationalen Forschungs- und Gedenkstätten Johann Sebastian Bach der DDR« eingegliedert, erhielt aber 1992 eine neue Struktur, die unter der Leitung von Professor Hans-Joachim Schulze eine Rückkehr zur ursprünglichen Zielsetzung und zum alten Namen ermöglichte. Das Bach-Archiv Leipzig umfaßt seither drei Abteilungen: Forschungsinstitut, Museum und Veranstaltungen.

Das Forschungsinstitut bildet den Kern der Einrichtung. Hier werden Leben und Werk Johann Sebastian Bachs und seiner Familie erforscht, dokumentiert und vermittelt. Das Bach-Archiv tritt hierzu mit Publikationen und durch Ausrichtung von und Teilnahme an wissenschaftlichen Konferenzen an die Öffentlichkeit. Zu den wichtigsten Editionsvorhaben, die an das Bach-Archiv Leipzig angebunden sind, gehören gegenwärtig:

Die Neue Bach-Ausgabe, die vom Bach-Archiv Leipzig und vom Johann-Sebastian-Bach-Institut in Göttingen gemeinsam erarbeitet und redaktionell betreut wird.

Die Herausgabe der Leipziger Beiträge zur Bach-Forschung, die der Forschung durch Aufsatzsammlungen und Monographien Impulse verleiht.

Die Mitbetreuung des Bach-Jahrbuchs der Neuen Bachgesellschaft e.V.

Die Förderung des Bach Compendiums. Die ersten vier Bände sind zwischen 1985 und 1989 erschienen und dokumentieren das Vokalwerk Johann Sebastian Bachs; nach der Umbruchzeit der Wende sind nun die Bände zum Instrumentalwerk in Arbeit.

Die Koordinierung des Projekts Bach-Repertorium an der Sächsischen Akademie der Wissenschaften zu Leipzig, in dessen Rahmen unter anderem neue thematische Werkverzeichnisse für die Mitglieder der weitverzweigten Musikerfamilie Bach vorgelegt werden sollen.

Die Erfüllung dieser Aufgaben wäre ohne eine Spezialbibliothek undenkbar, die heute dank des kontinuierlichen Aufbaus seit 1950 über mehr als 7000 Bücher, 8000 Musikalien, 4000 Tonträger, 500 grafische Blättern und 90 000 Seiten Fotokopien von Handschriften und Drucken von und zu Johann Sebastian Bach verfügt. Das Bach-Archiv verwahrt darüber hinaus sachgerecht Sondersammlungen mit Bach-Quellen des 18. und 19. Jahrhunderts, teils als Dauerleihgaben der Leipziger Städtischen Bibliotheken und des Thomanerchors. Die Bibliothek steht auch Privatpersonen als Präsenzbibliothek zur Verfügung.

Zu den wertvollsten Beständen gehören Bach-Autographe aus der Sammlung Manfred Gorke und die sogenannten Thomana-Stimmen. In den letzten Jahren sind dem Bach-Archiv mit großzügiger Förderung aus öffentlichen Mitteln und von privaten Sponsoren spektakuläre Ankäufe gelungen: 1993 konnte das – leider nur unvollständig überlieferte – Quittungsbuch des Nathanischen Legats erworben werden, in dem die Thomaskantoren alljährlich den Empfang von Zinsen aus einer Stiftung der 1612 verstorbenen reichen Kaufmannswitwe Sabine Nathan quittierten. 1998 folgte ein Traktat des Hallenser Theologen Johann Jacob Rambach, den Anna Magdalena Bach um 1742 eigenhändig mit einer Widmung an ihre »Herzensfreundin« Christiana Sybilla Bose, Tochter von Georg Heinrich Bose, dem das Haus Thomaskirchhof 16 einst gehört hatte, versehen hat. Damit ist dieser Band nach mehr als 250 Jahren in jenes Haus zurückgekehrt, wohin er einst schon einmal als Geschenk gelangt war. Das Bach-Archiv Leipzig unterhält in seinen historischen Räumen im Thomaskirchhof 16, schräg gegenüber der Thomaskirche, ein Museum, das die Besucher über Leben, Wirken und Nachwirken Johann Sebastian Bachs informieren will. Das Haus Thomaskirchhof 16 hat als eines von wenigen Leipziger Bürgerhäusern die Zeiten überstanden. Die prächtige Eingangshalle gehört der Zeit um 1586 an. Der Leipziger Gold- und Silberwarenhändler Georg Heinrich Bose kam um

Autographe Sopranstimme zur Kantate »Wachet auf, ruft uns die Stimme« (BWV 140)

1710 durch Erbfolge in den Besitz des damals 130jährigen Gebäudes und ließ es bis November 1711 grundlegend umbauen. Bei dieser Gelegenheit wurde das Haus aufgestockt und im Hintergebäude ein repräsentativer, allerdings ursprünglich nicht heizbarer Saal angelegt, an dem in zeitgenössischen Dokumenten vier eingemauerte Spiegel und eine ovale Galerie mit Deckengemälde als besonders bemerkenswert hervorge-

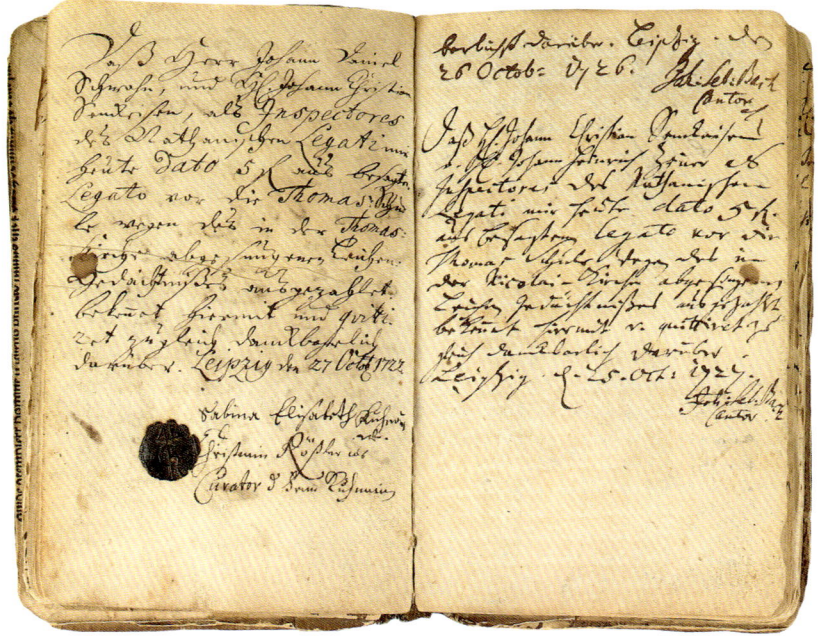

hoben wurden. Hinter dem Haus befand sich ein Garten, der für ein Stadtgrundstück außerordentlich großzügig war. Schon 1720 wurde der Pferdestall in Wohnräume umgebaut. Die Familien Bach und Bose waren einander durch Patenschaften verbunden, der bereits erwähnte Band dokumentiert durch Anna Magdalena Bachs Widmung Herzlichkeit und Enge dieser Beziehungen. 1745 kam das Gebäude in den Besitz des Kaufmanns Johann Zacharias Richter, der in die Familie Bose eingeheiratet hatte. Bis 1810 beherbergte das Gebäude eine auserlesene und mit Recht weithin berühmte

Quittungsbuch des Nathanisches Legat, Eintragungen von 1722, 1726 und 1727

Kunstsammlung, die seit 1765 einmal wöchentlich für das Publikum zur Besichtigung freigegeben war. 1853 ging das Haus in den Besitz des Appellationsgerichtspräsidenten Johann Ludwig Wilhelm Beck über, der es 1859 einerseits erweitern, andererseits die Größe der Zimmer verändern ließ, um mehr Wohn- und Geschäftsbereiche zu schaffen. Seit 1886 stellte der Niederländer Paul de Wit, Begründer einer noch heute

Widmung Anna Magdalena Bachs an Christiana Sibylla Bose um 1742

bestehenden Zeitschrift für Musikinstrumentenbau, seine bereits genannte Sammlung historischer Musikinstrumente im Haus Thomaskirchhof 16 aus. Das Gebäude diente bis in die 1970er Jahre zu Wohnzwecken. Erst spät erkannte man die Bedeutung der Beziehungen zwischen den Familien Bach und Bose: Eine kleine Gedenkstätte wurde 1973 auf Initiative von Werner Neumann in der Eingangshalle eingerichtet. Bei der Suche nach einem geeigneten Standort für ein Johann-

Sebastian-Bach-Museum im Stadtzentrum bot sich das Gebäude aufgrund seiner Lage und der biographischen Bezüge an. Seit 1982 wurde es dem Zustand von 1711 wieder angeglichen und am 19. März 1985 seiner neuen Bestimmung als Bach-Gedenkstätte übergeben. Zugleich zog auch das seit 1951 im Gohliser Schlößchen angesiedelte Bach-Archiv in das historische Gebäude um.

Durch eine für das Jahr 2000 vorgesehene Neugestaltung des Museums soll Bachs Wirken in Leipzig noch stärker in den Mittelpunkt der Ausstellung gerückt werden. Hierdurch werden Einblicke in Bachs Arbeit als Thomaskantor und städtischer Musikdirektor sowie in die Strukturen der Leipziger Musikkultur seiner Zeit gewährt. Dabei begnügt man sich nicht mit der Präsentation des noch heute in Leipzig verfügbaren Quellenmaterials, sondern hat zur Abrundung auch be-

Bosehaus, Renaissancehalle

sonders aussagekräftige und repräsentative Stücke aus auswärtigen Bibliotheken und Sammlungen in Kopien zusammengetragen. Anders als in Graphik- oder Gemäldesammlungen sind die Sammlungsgegenstände des Bach-Museums – Briefe, Urkunden, Notenhandschriften – ursprünglich nicht für eine langjährige Präsentation bestimmt gewesen: Das Tageslicht beschleunigt die natürlichen Alterungsprozesse, was im Laufe der Zeit zu Schäden wie dem Verblassen der Tinte oder der Bräunung des Papiers bis zur totalen Zerstörung von Handschriften durch chemische Reaktionen der säurehaltigen Tinten der Bach-Zeit führen kann. Dem Wunsch, dem Besucher die wertvollsten Stücke der Sammlungen des Bach-Archiv Leipzigs zu zeigen, steht die Pflicht, das Überkommene für die Nachwelt zu bewahren, entgegen. Eine Lösung dieses Dilemmas wird durch Kabinettsausstellungen versucht, in denen wertvolle Originale unter besonderen Schutzbedingungen für einen begrenzten Zeitraum der Öffentlichkeit vorgestellt werden. Durch die thematisch gebundenen Sonderausstellungen, die jeweils auch in einem speziellen Faltblatt dokumentiert werden, bietet sich zugleich die Möglichkeit, aus der (Platz)-Not eine Tugend zu machen, um selbst Dauerbesuchern immer wieder etwas Neues zu präsentieren. Unter den Möbelstücken ist ein kleiner gut erhaltener Barocktisch – vergleichbare Stücke werden auf die Zeit um 1670 datiert – hervorzuheben, der sich seit 1994 als Dauerleihgabe im Bach-Archiv Leipzig befindet. Einer Familientradition nach wird er als Bach-Tisch bezeichnet. Älteste nachweisbare Besitzer sind Angehörige einer in Apolda ansässigen Familie Blosfeld, die von einer Kaufmannsfamilie aus Halle/Saale abstammt; in ihrem Besitz befanden sich angeblich auch Eßbestecke und Tuchwaren mit auf Bach bezogenen Initialien. Unklar bleibt,

Largo aus der Violinsonate BWV 1021, Reinschrift von Anna Magdalena und Johann Sebastian Bach

ob der sogenannte Bach-Tisch wirklich aus Johann Sebastian Bachs Besitz stammt, denkbar wäre auch ein Zusammenhang mit der Familie Wilhelm Friedemann Bachs, die 1770 Halle verließ.

Das Museum trägt schließlich auch durch seine Veranstaltungen zur Pflege der Musik Johann Sebastian Bachs bei: Im historischen Sommersaal finden in der Regel mittwochs Kammermusikabende statt, bei denen überwiegend Werke von Johann Sebastian Bach und seinen Zeitgenossen dargeboten werden, teils in moderner, teils in historischer Aufführungspraxis. Das Museum verfügt hierzu über Nachbauten historischer Tasteninstrumente (Cembalo, Hammerklavier, Clavichord, Lautenklavier). In den Sommermonaten werden sonntags Konzerte durchgeführt, die bei schönem Wetter im Innenhof des historischen Ensembles Thomaskirchhof 16 stattfinden.

Eine dritte Abteilung des Bach-Archivs widmet sich der Vorbereitung und Durchführung des Internationalen Johann-Sebastian-Bach-Wettbewerbs, der 1950 ins Leben gerufen wurde. Er zählt heute zu den großen internationalen Wettbewerben für junge Instrumentalisten und Sänger und zieht Talente aus aller Herren Länder an. Zur Auswahl stehen die Fächer Klavier, Orgel, Cembalo, Violine, Violoncello und Gesang. Seit 1996 findet er in zweijährigem Turnus in jeweils drei dieser Fächern statt, wobei das Klavier stets berücksichtigt werden soll. Im Vorfeld des Wettbewerbs werden Seminare zu Fragen der Aufführungspraxis angeboten. Eine Bereicherung des Leipziger Konzertlebens bilden schließlich auch die festlichen Eröffnungskonzerte und die Preisträgerkonzerte des Wettbewerbs.

Tagesausflüge

In der näheren Umgebung Leipzigs finden sich einige Stätten, deren enge Beziehungen zu Leben und Werk Johann Sebastian Bachs einen Besuch von Leipzig aus als Tagesausflug lohnend erscheinen lassen. Im Falle Köthens handelt es sich um die der Leipziger Zeit unmittelbar vorausgehende Lebensstation, bei den übrigen um Orte, die durch besondere Umstände kurzzeitig zu Aufenthaltsorten des Leipziger Thomaskantors wurden.

Köthen

In der alten Residenzstadt Köthen verbrachte Bach die Zeit von Dezember 1717 bis zum Frühjahr 1723. Fürst Leopold von Anhalt-Köthen, der 1715 als einundzwanzigjähriger die Regierung von seiner Mutter übernahm, war Schwager des Herzogs Ernst August von Sachsen-Weimar und mag dadurch auf den Weimarer Konzertmeister aufmerksam geworden sein. Bachs Anstellungsurkunde ist nicht erhalten geblieben, so daß wir auf Vermutungen über seine Tätigkeitsfelder angewiesen sind. Die Kirchenmusik stand hier nur im Hintergrund, da der Fürst reformiert, Bach aber lutherisch war. Im reformierten Gottesdienst spielt die Kirchenmusik nur eine untergeordnete Rolle. Kantatenaufführungen im Auftrage des Hofes unter Bachs Leitung dürften sich daher auf zwei Gelegenheiten im Jahr beschränkt haben: Der Neujahrstag wurde festlich begangen, ebenso der Geburtstag des Fürsten Leopold am 12. Dezember. Von etwa einem Dutzend Werken, die Bach für diese Gelegenheiten schuf, sind nur zwei in Text und Musik erhalten geblieben: die Kantate »Die Zeit, die Tag und Jahre macht« (BWV 134a) zum Neujahrstag 1719 und die Serenata »Durchlauchtster Leopold« (BWV 173a), die wahrscheinlich aus dem Jahr 1722 stammt. Zu anderen sind wenig-

Köthen, Spiegelsaal von 1822 im Schloß

stens die Textdrucke oder ein Teil des Stimmenmaterials überliefert, das Bach bei späteren Gelegenheiten wiederverwendet hat.

Bachs Hauptaufgabe war die Organisation und Leitung des höfischen Musiklebens. Der Kapellmeister hatte hierzu ein Gebrauchsrepertoire zusammenzutragen und einzustudieren, das den musikalischen Neigungen des Fürsten entsprach. Außer Instrumentalmusik – Ouvertüren, Konzerten, Werken in kleinerer Besetzung – wurde offenbar vorwiegend die italienische Vokalmusik gepflegt. Für die Hofmusik standen regelmäßig neun Kammermusiker und wenigstens drei Sänger zur Verfügung. Bei Bedarf konnte auf weitere Kammerdiener zur Verstärkung der Streichinstrumente sowie auf die Hoftrompeter und -pauker, zusätzlich wohl auch auf Militärmusiker zurückgegriffen werden. Nicht vergessen werden darf, daß sich am Köthener Hof immer wieder auch auswärtige Solisten hören ließen.

Die Zusammensetzung des Repertoires bleibt unbestimmt, weil die für den Hof bestimmten Musikalien nach Bachs Abreise nach Leipzig vermutlich im Besitz des Fürstenhauses verblieben sind und im Laufe der Zeit gänzlich vernichtet wurden. Immerhin zeigt eine genauere Untersuchung der aus Bachs Weimarer Zeit stammenden Abschrift der Kantate »Languet anima mea« von Francesco Conti, daß Bach dieses Werk in seiner Köthener Zeit mit erweiterter Besetzung aufgeführt hat. Es gibt gute Gründe zu der Annahme, daß auch die Kantate »Amore traditore« (BWV 203), eines der wenigen erhaltenen Stücke des Meisters mit italienischem Text, ihre Entstehung dem Wirken am Köthener Hof verdankt.

Nicht weniger groß als bei den Vokalkompositionen sind die Verluste bei den Originalquellen der Instrumentalwerke. Neben den sechs Sonaten und Partiten für Violine Solo (BWV 1001–1006) fallen mit Sicherheit nur Bachs sogenannte Brandenburgische Konzerte (BWV 1046–1051) in jene Zeit. Selbst hier muß offenbleiben, ob jedes dieser dem Markgrafen Christian Ludwig von Brandenburg gewidmeten Konzerte auch am Köthener Hof realisierbar war. Immerhin sind wenigstens für das 1. und das 5. Konzert Fassungen überliefert, die bereits vor der Anfertigung des Widmungsexemplares von 1721 bestanden haben und somit allem Anschein nach bereits am Köthener Hof erklungen waren. Das 5. Konzert mit seinem extravaganten Part für das Cembalo wird man wohl mit jenem neuen Instrument in Verbindung bringen können, das 1719 mit hohen Kosten aus Berlin nach Köthen geliefert wurde.

Aus dem Schreiben an Georg Erdmann vom 28. Oktober 1730 können wir ablesen, daß Bach den Anfang seines Köthener Aufenthalts als eine besonders glückliche Zeit seines Lebens angesehen hat. Allerdings zeichneten sich bald Tendenzen ab, die einen Wechsel nach Leipzig geraten scheinen ließen: »Von Jugend auf sind Ihnen meine Fata bestens bewußt, bis auf die Mutation, so mich als Kapellmeister nach Köthen zog. Daselbst hatte einen gnädigen und Musik sowohl liebenden als kennenden Fürsten; bei welchem [ich] auch vermeinte, meine Lebenszeit zu beschließen. Es mußte sich aber fügen, daß erwähnter Serenissimus sich mit einer Bernburgischen Prinzessin vermählte. Da es denn das Ansehen gewinnen wollte, als ob die musikalische Inklination bei besagtem Fürsten in etwas laulicht werden wollte: So fügte es Gott, daß zu hiesigen Directore Musices und Cantore an der Thomasschule vozieret wurde.«

Die Hochzeit des Fürsten Leopold von Anhalt-Köthen und der Prinzessin Friederica Henrietta von Anhalt-Bernburg fand am 11. Dezember 1721 statt. In der Tat zeichnet sich um dieses Jahr auch in privater Hinsicht eine entscheidende Zäsur in Bachs Leben ab: Als er im Sommer 1720 von einer Reise nach Karlsbad, auf der er seinen Fürsten begleitet hatte, zurückkehrte, fand er seine Frau Maria Barbara nicht mehr lebend vor. Bach bemühte sich offenbar, Köthen alsbald zu verlassen. Doch eine Bewerbung als Organist an St. Jacobi in Hamburg schlug im Herbst 1720 fehl, obwohl sein Spiel bei Kennern größte Bewunderung erregt hatte. Den Vorzug erhielt in der geschäftstüchtigen Hansestadt jedoch ein Mitbewerber, der der Kirche eine Stiftung von 4000 Mark – ein Mehrfaches des Jahresgehalts – versprochen hatte, nur um die Stelle zu erlangen. Im Sommer 1721 kam die junge Sängerin Anna Magdalena Wilcke an den Köthener Hof; am 3. Dezember 1721 wurde sie Bachs zweite Ehefrau.

Bach hat die Chance, die sich aus der Vernachlässigung der Musik durch den Fürsten ergab, als Pädagoge und Komponist genutzt. In den Jahren nach 1720 richtete er Klavierbüchlein für den Unterricht der ältesten Söhne und Anna Magdalenas ein. Spätestens 1722 war das Wohltemperierte Klavier abgeschlossen, dem dann zwei Jahrzehnte später ein zweiter Teil folgen sollte. Seinem Jugendfreund Erdmann hatte Bach freilich verschwiegen, daß die junge Fürstin Friederica Henrietta, die er als einen der Hauptgründe für seinen Wechsel nach Leipzig anführte, im Frühjahr 1723 verstorben war, noch ehe er die Berufung als Thomaskantor erhalten hatte. Fürst Leopold hatte Bach die Entscheidung, Köthen zu verlassen, nicht übel genommen. Er beließ ihm den Titel eines Kapellmeisters und lud ihn mehrfach zu Gastspielen ein, bei denen er gelegentlich von Anna Magdalena Bach begleitet wurde. Nach Leopolds Ableben 1728 erhielt Bach den Auftrag, den musikalischen Teil der Trauerfeierlichkeiten zu gestalten. Gute Beziehungen sind auch eine Generation später noch verbürgt: Wilhelm Friedemann Bach konnte den regierenden Fürsten Carl Georg Lebrecht, einen Neffen Leopolds, 1757 bei der Taufe seiner jüngsten Tochter zu Gevatter bitten.

Bis heute bleibt unklar, in welchem Gebäude Bach in seiner Köthener Zeit gewohnt hat; selbst die Dienste eines Hellsehers, derer man sich um 1930 bediente, haben nicht zum gewünschten Erfolg geführt. 1885 wurde vor dem Haus Wallstraße 25 ein Bach-Denkmal aufgestellt, das der Berliner Bildhauer Heinrich Pohlmann entworfen hatte, doch sind berechtigte Zweifel daran aufgekommen, daß sich Bach dort eingemietet hatte. In neuerer Zeit ist man für die Häuser Stiftstraße 11 (bis 1721) und Holzmarkt 12 eingetreten. Beide Gebäude sind aber durch Neubauten ersetzt worden. Damit stellen heute die lutherische St. Agnus-Kirche und das Schloß die wichtigsten Bezugspunkte dar, während Bach die reformierte St. Jacobs-Kirche wohl nur selten betreten haben wird. Die Agnus-Kirche wurde in den Jahren von 1694 bis 1698 auf

Betreiben von Gisela Agnes von Rath, Gemahlin des Fürsten Emanuel Leberecht von Anhalt-Köthen und Mutter des Fürsten Leopold, erbaut und am 7. Mai 1699 geweiht. Gisela Agnes gehörte dem lutherischen Glauben an und setzte sich gegen alle Widerstände der Reformierten mit Nachdruck zugunsten ihrer Glaubensbrüder ein. Die Kirche liegt wenige hundert Meter vom Schloß entfernt und ist ein ausgesprochen bescheidener Barockbau, dessen Errichtung durch private Spenden aus den lutherischen Ländern und Städten des Reichs ermöglicht wurde. Die Kirche ist dem Lamm Gottes (agnus dei) geweiht, wobei der Name zugleich auf die Stifterin anspielt. Die auffälligsten Gegenstände der Innenausstattung sind eine Abendmahlsszene, die der Werkstatt von Lukas Cranach d. J. zugeordnet wird, und das großformatige Bildnis der Gisela Agnes. Bach hatte in dieser Kirche seit Dezember 1719 Stühle für sich und seine Frau angemietet und nahm dort am Abendmahl teil.

Das Köthener Schloß geht auf eine Renaissanceanlage zurück, wurde aber in den folgenden Jahrhunderten mehrfach umgebaut. Die Dreiflügelanlage ist von einem Wassergraben umgeben, der südliche und westliche Teil des Schlosses reichen bis auf die Zeit um 1600 zurück. Besondere Beachtung verdienen die Schloßkapelle am Ostende des Südflügels und der ehemalige Thronsaal. In der Schloßkapelle wurde am 17. November 1718 Bachs letztes Kind aus erster Ehe, Leopold Augustus, getauft, für den Fürst Leopold das Patenamt übernahm. Im Laufe der Zeit war der Raum anderweitig verwendet und durch Umbauten entstellt worden, seit 1991 ist er dem barocken Zustand wieder angenähert und kann damit für Gottesdienste und musikalische Zwecke genutzt werden. Im Thronsaal im Obergeschoß des Südflügels dürfte sich im 18. Jahrhundert ein Großteil des musikalischen Lebens abgespielt haben. Das heutige Erscheinungsbild ist geprägt durch einen Umbau aus den Jahren 1822/23, bei dem der Saal in einen klassizistischen Spiegelsaal verwandelt wurde. Der Schloßpark hat im Laufe der Jahrhunderte viel von der ursprünglichen Größe und von seiner früheren Konzeption im französischen Stil eingebüßt.

Im Historischen Museum der Stadt Köthen wurde 1980 eine Bach-Gedenkstätte eingerichtet. Gezeigt werden Exponate und Schautafeln, die Leben und Wirken Johann Sebastian Bachs und seiner Familie in den historischen Kontext einordnen. Unweit des Museums befindet sich der Alte Friedhof, auf dem Maria Barbara Bach begraben wurde. Die Grabstätte selbst ist nicht mehr auffindbar.

Naumburg

Die Stadt Naumburg hatte aufgrund ihrer günstigen Lage an den alten Handelstraßen und nicht zuletzt durch den Weinanbau an den Hängen des Saaletals im 16. Jahrhundert eine gewisse Bedeutung erlangt, mußte aber ihre Stellung als Handelszentrum als Folge des Dreißigjährigen Krieges an Leipzig abtreten. In der zweiten Hälfte des 17. Jahrhunderts gehörte Naumburg zum Fürstentum Sachsen-Zeitz und fiel 1718 an das Kurfürstentum Sachsen. Der Dom Peter und Paul mit seinen weltberühmten Stifterfiguren gilt als einer der bedeutendsten Sakralbauten Mitteldeutschlands; Bachs dienstliche Beziehungen zur Stadt dürften sich jedoch auf die Wenzelskirche am Marktplatz beschränkt haben. Die spätgotische Hallenkirche stammt in wesentlichen Teilen aus den Jahren 1517 bis 1523, die Turmhaube aus dem frühen 18. Jahrhundert. 1734 waren Reparaturen an der damals kaum 40 Jahre alten Thayßner-Orgel fällig. Zwar konnte das Werk in wenigen Monaten wieder spielfähig gemacht werden; dem hierfür verantwortlichen Orgelbaumeister Zacharias Hildebrandt gelang es jedoch, den Rat der Stadt von der Notwendigkeit eines Neubaus zu überzeugen, wobei allem Anschein nach auch ein Gutachten Johann Sebastian Bachs eine wichtige Rolle gespielt hatte. In den Jahren 1743 bis 1746 wurde die neue Orgel errichtet. Mit 52 Registern handelte es sich um das größte und bedeutendste Instrument aus Hildebrandts Werkstatt. Es wurde weitgehend in den kunstvollen Prospekt der Vorgängerorgel eingefügt. Zur Abnahme des großartigen Instruments zog man Ende September 1746 zwei unangefochtene Autoritäten heran: den Freiberger Orgelbauer Gottfried Silbermann und Johann Sebastian Bach als »einen berufenen starken Organisten«. Silbermann und Bach bestätigten, daß die Orgel allen Vereinbarungen entspreche und »alles und jedes mit dem gehörigen Fleiße verfertiget« worden sei. Die Gutachter hoben hervor, daß Hildebrandt einen zusätzlichen Blasebalg und ein ursprünglich nicht vorgesehenes Register Unda maris geliefert habe und bemängelten nur, daß die Intonation noch nicht vollkommen sei und weder die Klaviaturen noch die Register vollkommen gleichmäßig ansprächen.

Weniger zufrieden als die auswärtigen Gutachter war der Organist der Wenzelskirche, Johann Christian Kluge, der Kritik an den seiner Meinung nach unterdimensionierten Blasebälgen übte. Als Kluge zwei Jahre später das Organistenamt in Altenburg übernahm, zögerte Bach nicht, seinen Schwiegersohn Johann Christoph Altnickol ohne dessen Wissen als Nachfolger an St. Wenzel zu empfehlen. In seinem Schreiben vom 24. Juli 1748 heißt es: »Ich versichere, daß Sie Hoch Edle und Hoch Weise Herren, an erwähntem Herrn Altnickol ein solches Subjekt finden werden, welches Dero Wünschen vollkommene Genüge leisten wird. Denn da er bereits ein Orgelwerk geraume Zeit unter Händen gehabt, und die Wissenschaft solches gut zu spielen und zu dirigieren besitzet, auch besonders ein Werk wohl zu traktieren und gehörig zu konservieren versteht, welche Eigenschaften unumgänglich zu einem guten Organisten erfordert werden; da über dieses seine ganz besondere Geschicklichkeit in der Komposition, im Singen und auf der Violine noch dazu kommt: als bin ich überzeugt, Sie, Hoch Edle und Hochweise Herren, werden sich niemalen gereuen lassen, mit Dero Wahl erwähntes Subjekt beehret und mich meiner Bitte gewähret zu haben.«

In der Tat wurde Altnickol auf Bachs Fürsprache gewählt, offenbar noch ehe er selbst seine Bewerbung aus Niederwiesa, wo er damals als Organist und Schullehrer tätig war, einreichen konnte. 15 Jahre zuvor hatte sich Bachs Sohn Carl Philipp Emanuel, damals 19 Jahre alt, noch vergeblich um den Posten eines Wenzelsorganisten bemüht.

Hingewiesen sei auch auf die vor den Toren Naumburgs gelegene ehemalige Fürstenschule Schulpforta; die historische

Anlage ist zu großen Teilen erhalten. Hier hatte 1603 der dortige Kantor Erhard Bodenschatz eine Motettensammlung veröffentlicht, die so bekannt wurde, daß sie 1618 unter dem Titel *Florilegium Portense* neu herausgegeben und 1621 um einen zweiten Teil erweitert wurde. Die Sammlung enthielt überwiegend achtstimmige Motetten und blieb bei den Thomanern, aber nicht nur dort, fast 200 Jahre für a-cappella-Musik im Gottesdienst in Gebrauch.

Altenburg

Das thüringische Städtchen Altenburg gehörte seit 1672/73 zum Herzogtum Sachsen-Gotha. Die Hofkapelle war bereits vier Jahre zuvor aufgelöst worden, so daß das höfische Musikleben fortan durch die Residenz Gotha bestimmt wurde. Nur einmal kann ein Besuch Johann Sebastian Bachs in Altenburg aktenkundig gemacht werden: Am 7. September 1739, wenige Wochen vor der offiziellen Abnahme der neuerrichteten Trost-Orgel, meldete die Rentkammer Altenburg:
»Nun haben zwar zeithero verschiedene Musici, und insonderheit der bekannte Kapellmeister Bach zu Leipzig, auf dieser Orgel sich hören lassen und beiläufig von der Konstruktion des Werks judizieret, daß es gut dauerhaft sei und daß der Orgelmacher in Ausarbeitung jeder Stimme Eigenschaft und gehöriger Lieblichkeit wohl reüssieret habe.«
Der Vorschlag, Bach auch zur Abnahme der Orgel heranzuziehen, wurde offenbar nicht verwirklicht. Bachs kurzer Besuch war möglicherweise durch einen privaten Anlaß bedingt, denn am 12. September 1739 soll er als Pate an der Taufe von Johanna Helena Sophia, Tochter des Kantors Johann Wilhelm Koch, im nahegelegenen Ronneburg teilgenommen haben. Vielleicht kam Bach zu einem späteren Zeitpunkt noch einmal nach Altenburg, denn ein anonymer Bericht aus den Dresdner Gelehrten Anzeigen des Jahres 1798 berichtet Wunderliches über Bach und die Trost-Orgel:
»Nur wenige vermögen die Gemeinde so zu lenken wie der alte Bach, der auf der großen Orgel in Altenburg einmal den Glauben aus d-Moll spielte, beim zweiten Vers aber die Gemeinde ins es-Moll hob, und beim dritten gar ins e-Moll. Das

Trost-Orgel von 1739 in der Schloßkirche Altenburg

konnte aber auch nur ein Bach und eine Orgel in Altenburg.« Es ist schwer vorstellbar, daß diese Begebenheit um das lutherische Lied »Wir glauben all an einen Gott« in die Zeit vor der Orgelabnahme gefallen sein könnte. Obgleich Trost auf den begrenzten Raum in der Schloßkapelle Rücksicht nehmen mußte, gilt sein Werk mit 39 Registern als eine jener Orgeln, die Johann Sebastian Bachs Klangvorstellungen am nächsten kamen. Sie vereinigt in einmaliger Weise Einflüsse des nord- und süddeutschen Orgelbaus und läßt zugleich eine Auseinandersetzung mit dem Wirken Gottfried Silbermanns erkennen. Der originale Prospekt der Trost-Orgel ist erhalten geblieben, nur der Spieltisch mußte um 1975 wiederhergestellt werden, da die Orgel im 19. Jahrhundert an den herrschenden Geschmack angepaßt worden war. Von 1756 an war Johann Ludwig Krebs, einer von Bachs Lieblingsschülern, Organist der Schloßkirche; dessen Sohn setzte die Bach-Tradition in Altenburg bis 1804 fort.

Störmthal

Die kleine Gemeinde Störmthal liegt etwa 15 Kilometer südöstlich von Leipzig. Das heutige barocke Kirchengebäude geht im wesentlichen auf einen Umbau in den Jahren 1722/23 zurück, bei dem auf Kosten des Besitzers des Ritterguts, Statz Hilmor von Fullen, auch eine neue Orgel errichtet wurde. Als eines von wenigen Instrumenten der Zeit ist sie in großen Teilen noch nahezu im Originalzustand erhalten, und man kann vor Ort bewundern, wie es der Leipziger Orgelbauer Zacharias Hildebrandt verstanden hat, das Werk auf der kleinen Westempore zu installieren. In Zusammenhang mit der Auszahlung von 400 Talern an Zacharias Hildebrandt wird in den Akten der Kirche festgehalten: »Welches Orgelwerk auch am 2. November 1723 von dem berühmten Fürstlich Anhalt-Köthenischen Kapellmeister und Directore Musices auch Cantore zu Leipzig, Herrn Johann Sebastian Bachen, übernommen, examiniert und probiert, auch vor tüchtig und beständig erkannt und gerühmt worden.«

Bachs Anwesenheit beschränkte sich jedoch nicht auf die Abnahme der Orgel, vielmehr hatte ihn Statz Hilmor von

Fullen auch zur Verfertigung einer Kantate anläßlich der Orgelweihe verpflichtet. Diese ist vielleicht schon vor der endgültigen Abnahme der Orgel am vorangegangenen Wochenende erklungen, da sich für diesen Tag weder eine reguläre Sonntagsmusik in den Leipziger Hauptkirchen noch eine Kantatenaufführung zum Reformationsfest im Rahmen des Alten Gottesdienstes der Paulinerkirche nachweisen lassen.

Störmthal, Orgelprospekt

Für die Richtigkeit der Annahme spricht vielleicht auch der Umstand, daß Bachs originale Partitur zwar ausdrücklich als »Concerto [d. h. Festkantate] bei Einweihung der Orgel in

Störmthal« überschrieben ist, aber auf eine solistische Verwendung der Orgel, wie man sie zu diesem Anlaß erwarten könnte, verzichtet. Der Text der Kantate nimmt auf die Orgel nicht Bezug, steht aber ganz im Zeichen der Neuerrichtung des Gotteshauses. Diese Gedanken zeigen sich schon im Eingangschor und ziehen sich konsequent bis zum Ende der zweiteiligen Kantatendichtung hin:

Höchsterwünschtes Freudenfest,
das der Herr zu seinem Ruhme
im erbauten Heiligtume
uns vergnügt begehen läßt.

Von der Kirchgemeinde hat Bach offenbar weder für die Orgelprüfung noch für die Komposition und Aufführung der Kantate (BWV 194) eine Entschädigung erhalten. Man wird freilich nicht an einen Gefälligkeitsdienst zu denken haben, vielmehr dürfte auch hier der Besitzer des Ritterguts mit eigenen Mitteln eingesprungen sein.

Schloß Wiederau

Kriegsbedingte Zerstörungen, der Braunkohletagebau und die Bodenreform von 1945 haben das Schicksal vieler Schlösser und Herrenhäuser südlich von Leipzig besiegelt. Als ein Kleinod ist das Barockschloß Wiederau erhalten geblieben; nach langem Dornröschenschlaf wurde das wiederholt vom Abriß bedrohte Schlößchen in den letzten Jahren aufwendig restauriert. Das barocke Gebäude wurde bald nach Übernahme des Gutes im Jahre 1697 durch den Leipziger Kaufmann David Fleischer, der sich nach der Erhebung in den Adelsstand 1703 von Fletscher nannte, errichtet. Der Rohbau dürfte um 1705 abgeschlossen gewesen sein; die Ausschmückung der Innenräume durch kostbare Wandmalereien, für die italienische Künstler verpflichtet wurden, zog sich jedoch noch einige Jahre hin. Nach mehreren Besitzerwechseln gelangte das Schloß im Jahre 1737 an den Grafen Johann Christian von Hennicke. Hennicke, Sohn eines Salinenaufsehers in Halle, war Steuerbeamter geworden und hatte es ungeachtet seiner niedrigen Geburt zum Kurfürstlich-Sächsischen und Königlich-Polnischen Konferenzminister und

Wirklichen Geheimen Rat gebracht; in Anerkennung seiner Verdienste wurde er geadelt und schließlich in den Reichsgrafenstand erhoben. Anläßlich der feierlichen Übernahme des Rittergutes, die am 28. September 1737 gefeiert wurde, schuf Johann Sebastian Bach die Huldigungsmusik »Angenehmes Wiederau« (BWV 30a). Für den Festakt waren drei Initiatoren verantwortlich; zwei davon unterhielten seit langem enge berufliche oder private Beziehungen zu Bach: Der Pegauer Amtmann Johann Sigismund Beiche hatte 1732 die Patenschaft für Johann Christoph Friedrich Bach übernommen, der Oberpostkommissar Christian Friedrich Henrici hatte als Gelegenheitsdichter schon oft mit Bach zusammengearbeitet; seine Frau Johanna Elisabeth finden wir am 30. Oktober des Jahres unter den Paten von Johanna Carolina Bach. Als typisches *Dramma per musica* ist die Dichtung, die man unter den gegebenen Umständen wohl Henrici zuschreiben darf, allegorisch angelegt: Das Schicksal, das Glück, die Zeit und der Fluß Elster, der das Gut durchquert, huldigen dem neuen Herrn. Zunächst heißt das Schicksal den neuen Besitzer willkommen und schlägt im Namen aller Anwesenden eine Namensänderung des Ortes in »Hennicks-Ruhe« vor; das Glück verspricht, ihm treu und hold zu sein; die Zeit verheißt ihm gar ewigen Ruhm. Der Elsterfluß erbittet schließlich noch einmal den Segen der Gäste, ehe sich alle zu einer Wiederholung des Eingangschores mit neuem Text zusammenfinden. Obgleich Bach dem Anlaß gemäß eine Festbesetzung mit Trompeten, Oboen, Flöten und Streichern aufbot, ist die Komposition eher lieblich und bescheiden angelegt. Der Eingangschor verzichtet auf jenen tiefen kontrapunktischen Ernst, der Bachs Kirchenkantaten auszeichnet, die Arien nähern sich im Charakter Tanzsätzen und dürften damit auf den Geschmack des dem Dresdner Hof nahestehenden Hennicke abzielen. Für die Darbietung dieses kleinen musikalischen Dramas bot sich der Garten des Schlosses, dessen Neugestaltung offenbar ein besonderes Anliegen des neuen Herrn war, vorzüglich an; doch dürfte bei ungünstiger Witterung ebensogut der Festsaal des Schlosses mit seinem prächtigen Deckengemälde in Frage gekommen sein.

Weißenfels

Der Kleinstadt Weißenfels kommt eine erstaunliche musikhistorische Bedeutung zu: Heinrich Schütz, der Großmeister des 17. Jahrhunderts, verlebte hier seine Kindheit und hatte hier seit 1651 auch einen Alterswohnsitz. Das Städtchen diente von 1656 bis 1746 als Residenz der Herzöge von Sachsen-Weißenfels, die das im Dreißigjährigen Krieg zerstörte Schloß seit 1660 neu errichten ließen. Am Weißenfelser Hof wirkte lange Zeit Johann Philipp Krieger als Leiter der Hofkapelle; Hofprediger war damals Erdmann Neumeister, dessen geistliche Dichtungen maßgeblich zum Erfolg der protestantischen Kirchenkantate seit 1700 beigetragen haben. Johann Sebastian Bach hat Weißenfels mehrfach besucht, erstmals im Jahre 1713. Anläßlich des am 23. Februar gefeierten Geburtstags des Herzogs Christian von Sachsen-Weißenfels wurde die Kantate »Was mir behagt, ist nur die muntere Jagd«, die sogenannte Jagd-Kantate (BWV 208), im noch bestehenden Jägerhof, Nikolaistraße 51, als Teil einer Tafelmusik aufgeführt. Ein weiterer Besuch ist für das Jahr 1725 verbürgt. Am 12. Januar 1729 weilte der Herzog in Leipzig und wurde von Bach mit der Kantate »O angenehme Melodei« (BWV 210a) beehrt, wenige Wochen später wurde Bach der Titel eines Hochfürstlich Sachsen-Weißenfelsischen Kapellmeisters verliehen. Am Weißenfelser Hof wirkte von 1719 bis 1731 Bachs zweiter Schwiegervater Johann Caspar Wilcke als Trompeter. Man könnte sich daher vorstellen, daß die Kantate »Jauchzet Gott in allen Landen« (BWV 51) bei einem Besuch am Weißenfelser Hof erklungen sein könnte.

Der Besucher muß mit dem äußerlichen Eindruck, den das Städtchen bietet, vorlieb nehmen, denn das Schloß Neu-Augustusburg ist der Öffentlichkeit nicht zugänglich. Lohnend sind ein Besuch der Schütz-Gedenkstätte und der Stadtkirche St. Marien.

Orgelchoräle (Klavierübung Teil III, Leipzig 1739;
Kanonische Veränderungen über »Vom Himmel hoch da
komm ich her«, Leipzig 1747)

Klavierübung
Teil I: 6 Partiten, Leipzig 1731, zuvor einzeln gedruckt;
Teil II: Italienisches Konzert und Französische Ouvertüre,
Leipzig 1735;
Teil III: siehe Orgelwerke;
Teil IV: Goldberg-Variationen, Leipzig 1742

Wohltemperiertes Klavier, Teil II (zusammengestellt um
1742/44)
Musikalisches Opfer (Leipzig 1747)
Die Kunst der Fuge (unvollendet; Leipzig 1750)

Instrumentalkonzerte (u. a. 7 Cembalokonzerte) und
Kammermusik

Kalendarium zur Lebensgeschichte

Jahr	Geschichte Leipzigs und Sachsen	Bach in Leipzig	Bach außerhalb Leipzigs
1685			21. März: Geburt in Eisenach
1695			Aufnahme beim älteren Bruder Johann Christoph in Ohrdruf
um 1700	1699: Wiedereröffnung der Neuen Kirche 1701–1704: Telemann in Leipzig		1700–1702: Besuch der Michaelisschule in Lüneburg
1703			Hofmusiker und Lakai in Weimar
1703–1707			Organist an der Neuen Kirche in Arnstadt
1707–1708			Organist an Divi Blasii in Mühlhausen 17. Okt. 1707: Eheschließung mit Maria Barbara Bach in Dornheim
1708–1717			Kammermusiker, Hoforganist und seit 1714 Konzertmeister am Hof der Herzöge Wilhelm Ernst und Ernst August von Sachsen Weimar
1717–1723	5. Juni 1722: Tod des Thomaskantors J. Kuhnau, Berufung und Absage von G. P. Telemann und C. Graupner	16. Dez. 1717: Orgelprüfung in der Paulinerkirche	Kapellmeister des Fürsten Leopold von Anhalt-Köthen 3. Dez. 1721: Eheschließung mit Anna Magdalena Wilcke Wohltemperiertes Klavier Teil I
1723		7. Feb.: Kantoratsprobe (Sonntag Estomihi) mit Aufführung der Kantaten BWV 22 und 23	2. Nov.: Orgelprüfung in Störmthal

1723		22. April: Wahl zum Thomaskantor	
		30./31. Mai: Amtsantritt als Thomaskantor und Amtseinführung an der Thomasschule	
1724		7. April: Erstaufführung der Johannes-Passion	
1725		Beginn des Zweiten Klavierbüchleins für Anna Magdalena Bach	Jan.: Besuch in Köthen; Sept.: Konzerte in der Sophienkirche in Dresden
1727	Herbst 1727 Landestrauer nach dem Tod der Kurfürstin Christiane Eberhardine	Erstaufführung der Matthäus-Passion	
		17. Okt.: Aufführung der Trauerode	
1729		März: Übernahme des ehemaligen Telemannschen Collegium Musicum	
1730		23. Aug.: »Kurzer... Entwurf einer wohlbestallten Kirchenmusik«	
		28. Okt.: Brief an G. Erdmann	
1731		Umbau der Thomasschule	Veröffentlichung von Klavierübung Teil I	Sept. 1731: Aufenthalt in Dresden
1732		24. April: Einweihung der umgebauten Thomasschule		
1733		Landestrauer 1. Feb.: Tod August des Starken		27. Juli: Überreichung und Widmung der Missa in h-Moll an den sächs. Kurfürsten Friedrich August II. in Dresden
1734/35		25. Dez. 1734 bis 6. Jan. 1735: Erstaufführung des Weihnachtsoratoriums in sechs Teilen Ostermesse 1735: Klavierübung Teil II	

1736			19. Nov. Ernennung zum Kurfürstl. Sächs. und Königl. Poln. Hof-Compositeur
1739		Klavierübung III	Sept. 1739: Besuch in Altenburg
1742		30. Aug.: Aufführung der Bauern-Kantate in Kleinzschocher Klavierübung IV (»Goldberg-Variationen«)	
1743	Gründung des Großen Konzerts	13. Dez.: Orgelprüfung in der Johanniskirche Wohltemperiertes Klavier Teil II	
1744			
1745		30. Nov 1745 bis 1. Jan. 1746: Preußische Besetzung	
1746			26. Sept.: Orgelprüfung in Naumburg
1747		Juni: Aufnahme in die Korrespondierende Sozietät der musikalischen Wissenschaften in Leipzig Kanonische Veränderungen über »Vom Himmel hoch, da komm ich her« Musikalisches Opfer, Friedrich II. gewidmet	Mai: Besuch bei Friedrich II. in Potsdam und Berlin
1749	Kantoratsprobe G. Harrer Aufführungen von Kirchenmusik durch C.P.E. Bach und W.F. Bach (?)	Verschlechterung des Gesundheitszustands	
1750		März und Mai: Augenoperation 28. Juli: Tod 31. Juli: Begräbnis auf dem Johannisfriedhof	

Literatur

Altner, Stefan: Thomanerchor und Thomaskirche. Historisches und Gegenwärtiges in Bildern, Leipzig 1998

Angenehmes Wiederau …, hrsg. vom Christlichen Umweltseminar Rötha e.V./ Kulturbüro Espenhain, 1997 (SÜDRAUMjournal. 4.)

Bach, Johann Sebastian: Kurtzer, iedoch höchstnöthiger Entwurff einer wohlbestallten Kirchen Music; nebst einigen unvorgreiflichen Bedencken von dem Verfall derselben. Leipzig, den 23. August 1730, hrsg. vom Bach-Archiv Leipzig, Leipzig um 1956 (Faksimile-Reihe Bachscher Werke und Schriftstücke. 1.)

Bach-Archiv Leipzig. Das Quittungsbuch des Nathanischen Legats, Leipzig 1995 (KulturStiftung der Länder – PATRIMONIA. 83.)

Bach-Dokumente, hrsg. vom Bach-Archiv Leipzig. (Supplement zu J. S. Bach. Neue Ausgabe sämtlicher Werke.)
Band I: Schriftstücke von der Hand Johann Sebastian Bachs. Vorgelegt und erläutert von Werner Neumann und Hans-Joachim Schulze, Leipzig und Kassel 1963
Band II: Fremdschriftliche und gedruckte Dokumente zur Lebensgeschichte Johann Sebastian Bachs 1685–1750. Vorgelegt und erläutert von Werner Neumann und Hans-Joachim Schulze, Leipzig und Kassel 1969
Band III: Dokumente zum Nachwirken Johann Sebastian Bachs 1750–1800. Vorgelegt und erläutert von Hans-Joachim Schulze, Leipzig und Kassel 1972
Band IV: Bilddokumente zur Lebensgeschichte Johann Sebastian Bachs, hrsg. von Werner Neumann, Leipzig und Kassel 1979

Bach-Jahrbuch, hrsg. von der Neuen Bachgesellschaft e.V., Leipzig 1904 ff.

Cöthener Bach-Hefte, hrsg. vom Historischen Museum Köten, 1981 ff.

Die Bau- und Kunstdenkmäler von Sachsen. Stadt Leipzig – Die Sakralbauten, hrsg. vom Landesamt für Denkmalpflege Sachsen, München und Berlin 1995

Czok, Karl: Die Nikolaikirche Leipzig, Leipzig 1992
Fröde, Christine: »Die Wohnung Johann Sebastian Bachs in der Thomasschule in Leipzig«, in: Johann Sebastian Bach. Lebendiges Erbe, Leipzig 1982, S. 5-22 (Beiträge zur Bachpflege der DDR. 10.)
Geck, Martin: Johann Sebastian Bach. Mit Selbstzeugnissen und Bilddokumenten, Reinbek bei Hamburg 1993
Hocquél, Wolfgang: Leipzig. Baumeister und Bauten. Von der Romanik bis zur Gegenwart, Leipzig 1990
Hoffmann, Winfried: Reisen zu Bach. Erinnerungsstätten an Johann Sebastian Bach, Berlin und Leipzig 1985
Hütter, Elisabeth: Die Pauliner-Universitätskirche zu Leipzig. Geschichte und Bedeutung, Weimar 1993
Knick, Bernhard (Hrsg.): St. Thomas zu Leipzig. Schule und Chor. Stätte des Wirkens von Johann Sebastian Bach, Wiesbaden 1963
Kock, Hermann: Genealogisches Lexikon der Familie Bach, bearbeitet und aktualisiert von Ragnhild Siegel, Gotha 1995
Petzoldt, Martin und Petri, Joachim: Johann Sebastian Bach. Ehre sei dir Gott gesungen, Berlin 1988
Petzoldt, Martin: Bachstätten aufsuchen, Leipzig 1992 (Mitgliedsgabe der Neuen Bachgesellschaft e.V. 1993)
Richter, Bernhard Friedrich: »Das Innere der alten Thomasschule«, in: Schriften des Vereins für die Geschichte Leipzigs, Bd. 7, Leipzig 1904, S. 29-54
Rothe, Hans-Joachim: »Die Bachdenkmäler in Leipzig«, in: Johann Sebastian Bach. Lebendiges Erbe, Leipzig 1977, S. 14-44 (Beiträge zur Bachpflege der DDR. 6.)
Schering, Arnold: Johann Sebastian Bach und das Musikleben Leipzigs im 18. Jahrhundert (Musikgeschichte Leipzigs. 3.), Leipzig 1941
Schmieder, Wolfgang: Thematisch-systematisches Verzeichnis der musikalischen Werke von Johann Sebastian Bach. Bach-Werke-Verzeichnis, 2., überarbeitete und erweiterte Ausgabe, Wiesbaden 1990
Schneiderheinze, Armin (Hrsg.): Das Bosehaus am Thomaskirchhof. Eine Leipziger Kulturgeschichte, Leipzig 1989

Schrammek, Winfried: Bach-Orgeln in Thüringen und Sachsen, Leipzig 1983 (Johann Sebastian Bach – Lebendiges Erbe. Beiträge zur Bachpflege der DDR. 11.)
Schulze, Hans-Joachim (Hrsg.): Die Thomasschule Leipzig zur Zeit Johann Sebastian Bachs. Ordnungen und Gesetze 1634–1723–1733, Leipzig 1985
Schulze, Hans-Joachim: Ey! wie schmeckt der Coffee süße. Johann Sebastian Bachs Kaffee-Kantate in ihrer Zeit, Leipzig 1985
Schulze, Hans-Joachim und Wolff, Christoph: Bach Compendium. Analytisch-bibliographisches Repertorium der Werke Johann Sebastian Bachs, Leipzig 1986 ff.
Schweitzer, Albert: J. S. Bach, Leipzig 1908
Smend, Friedrich: Bach in Köthen, Berlin 1951
Spitta, Philipp: Johann Sebastian Bach, 2 Bde, Leipzig 1873/80
Stiehl, Herbert: Das Innere der Thomaskirche zur Amtszeit Johann Sebastian Bachs, Leipzig 1984 (Beiträge zur Bachforschung. 3.)
Ullmann, Ernst (Hrsg.): »... die ganze Welt im kleinen ...«. Kunst und Kunstgeschichte in Leipzig, Leipzig 1989
Wolff, Christoph (Hrsg.): Die Bach-Familie, Stuttgart und Weimar 1993 (The New Grove. Die großen Komponisten)
Wolff, Christian (Hrsg.): Die Thomaskirche zu Leipzig. Ein Kirchenführer, Leipzig 1996
Wolff, Christoph und Koopman, Ton (Hrsg.): Die Welt der Bach-Kantaten, 3 Bde., Stuttgart usw. 1996 ff.

Namensregister

Abraham, Max (1831–1900) 84
Agricola, Johann Friedrich (1720–1774) 19, 21f.
Altnickol, Elisabeth Juliana Friederica *siehe* Bach, Elisabeth Juliana Friederica
Altnickol, Johann Christoph (1720–1759) 19, 103
Anna Amalia, Prinzessin von Preußen (1723–1787) 67
August der Starke *siehe* Friedrich August I.

Bach, Anna Magdalena, geb. Wilcke (1701–1760) 7, 20f., 31, 68, 90f., 99f.
Bach, Carl Philipp Emanuel (1714–1788) 18f., 21ff., 62f., 66, 100
Bach, Elisabeth Juliana Friederica (1726–1781) 19
Bach, Friedelena Margaretha (1675–1729) 31
Bach, Gottfried Heinrich (1724–1763) 19, 23
Bach, Johann Andreas (1713–1779) 84
Bach, Johann Ambrosius (1645–1695) 21
Bach, Johann Christian (1735–1782) 19
Bach, Johann Christoph (1671–1721) 21, 84, 110
Bach, Johann Christoph Friedrich (1732–1795) 84, 110
Bach, Johann Elias (1705–1755) 22f., 31
Bach, Johann Ludwig (1677–1731) 17
Bach, Johann Nikolaus (1669–1753) 70
Bach, Johanna Carolina (1737–1781) 110
Bach, Leopold Augustus (1718–1719) 101
Bach, Maria Barbara (1684–1720) 99, 101f.
Bach, Maria Elisabetha, geb. Lemmerhirt (1644–1694) 21
Bach, Regina Susanna (1742–1809) 21
Bach, Wilhelm Friedemann (1710–1784) 23, 62f., 66, 68, 85, 87, 95, 100
Bach, Wilhelm Friedrich Ernst (1759–1845) 72
Beck, Johann Ludwig Wilhelm (1786–1869) 92
Becker, Carl Ferdinand (1804–1877) 78, 84
Beiche, Johann Sigismund (1675–1756) 110
Bendemann, Eduard (1811–1889) 72
Biller, Georg Christoph (geb. 1955) 80
Blosfeld, Familie 94
Bodenschatz, Erhard (um 1576–1636) 104

Bodinus, Nicolaus Ernst
(gest. 1729)   60
Bose, Christiana Sybilla
(1711–1749)   90 f.
Bose, Georg Heinrich
(1682–1731)   90 f.
Bouché, Carl de
(1845–nach 1895)   41
Breitkopf, später Breitkopf
& Härtel (Verlagshaus,
gegr. 1719)   66, 70 f., 78

Calov, Abraham
(1612–1686)   19
Carl George Lebrecht,
Fürst von Anhalt-Köthen
(1730–1789)   100
Christian, Herzog von
Sachsen-Weißenfels
(1682–1736)   59, 111
Christian Ludwig, Markgraf
von Brandenburg
(1677–1734)   98
Christiane Eberhardine,
Kurfürstin von Sachsen,
geb. Markgräfin von
Brandenburg-Bayreuth
(1671–1727)   56 f., 59
Conti, Francesco
(1682–1732)   98
Cranach d. Ä., Lucas
(1472–1553)   45
Cranach d. J., Lucas
(1515–1586)   101
Czerny, Carl (1791–1857)   71

Deyling, Salomon
(1677–1755)   13, 39

Dieskau, Carl Heinrich von
(1706–1782)   55
Dietrich, Markgraf von
Meißen (gest. 1221)   25
Doles, Johann Friedrich
(1715–1797)   68
Donndorf, Christoph
(1667–1737)   29
Dörffel, Alfred (1821–1905)   85
Döring, Johann Gottfried
(1708–1778)   43

Elisabeth Christine, Königin
von Preußen, geb. von
Braunschweig-Bevern
(1715–1797)   72
Emanuel Leberecht, Fürst
von Anhalt-Köthen
(1671–1704)   101
Erdmann, Georg
(1682–1736)   17, 51, 99 f.
Ernesti, Johann August
(1707–1781)   56
Ernesti, Johann Heinrich
(1652–1729)   29, 57 f.

Fasch, Johann Friedrich
(1688–1758)   60
Fleischer [Fletscher], David
(1646–1716)   108
Flemming, Joachim Friedrich
Graf von (1665–1740)   55
Forkel, Johann Nikolaus
(1749–1818)   23, 66 f.
Friederica Henrietta, Fürstin
von Anhalt-Köthen, geb.
Prinzessin von Anhalt-
Bernburg (1702–1723)   99 f.

Friedrich August I., Kurfürst
von Sachsen, als August
II. König in Polen
(1670–1733) 15, 17, 52, 57
Friedrich August II., Kurfürst von Sachsen, als
August III. König in
Polen (1696–1763) 57 ff.
Fullen, Statz Hilmor von
(1691–1751) 106 f.
Gerlach, Carl Gotthelf
(1704–1761) 46, 63
Gesner, Johann Matthias
(1691–1761) 29, 55
Goldberg, Johann Gottlieb
(1727–1756) 7
Gorke, Manfred Reinhold
Ewald (1897–1956) 84, 89
Görner, Johann Gottlieb
(1697–1778) 56 f.
Gottsched, Johann Christoph (1700–1766) 56
Graupner, Christoph
(1683–1760) 12
Griepenkerl, Friedrich
Konrad (1782–1849) 71
Gustav II. Adolf, König von
Schweden (1594–1632)
41, 74

Händel, Georg Friedrich
(1685–1759) 18, 62, 87
Harraß, (Instrumentenbauerfamilie in Breitenbach,
Thüringen) 87
Harrer, Gottlob
(1703–1755) 68

Hauptmann, Moritz
(1792–1868) 78
Haußmann, Elias Gottlob
(1695–1774) 86
Heinrich, Herzog von
Sachsen (1473–1541) 25
Hennicke, Johann Christian
Graf von (1681–1752) 108
Henrici, Christian Friedrich,
genannt Picander
(1700–1764) 110
Henrici, Johanna Elisabeth
(1707–1755) 110
Heyer, Wilhelm
(1849–1913) 87
Hildebrandt, Zacharias
(1688–1757) 49, 88, 102 f.,
106 f.
Hiller, Friedrich Moritz
(wirkte um 1843) 72
Hiller, Johann Adam
(1728–1804) 43
Hinrichsen, Henri
(1868–1942) 85
Hinrichsen, Walter
(1907–1969) 85
His, Wilhelm (1831–1904) 74
Hoffmann (Instrumentenbauerfamilie in Leipzig)
88
Hoffmeister & Kühnel
(Verlag gegr. 1800) 66 f.
Hoffmeister, Franz Anton
(1754–1812) 66
Hübner, Julius
(1806–1882) 72

Jahn, Otto (1813–1869) 78

Kirchbach, Hans Carl von
(1704–1753) 56
Kluge, Johann Christian
(von 1733 bis 1748
Organist in Naumburg)
103
Knaur, Immanuel August
Hermann (1811–1872) 72
Koch, Johann Wilhelm
(1704–1745) 23, 104
Koch, Johanna Helena
Sophia (1739–1740) 104
Krebs, Johann Ludwig
(1713–1780) 104
Krebs, Ehrenfried
Christian Traugott
(1753–1804) 106
Kriebel, Georg
(wirkte um 1615) 39
Krieger, Johann Philipp
(1649–1725) 111
Kropffgans d. J., Johann
(1708 bis nach 1767) 23
Krügner, Johann Gottfried
(um 1684 bis 1769) 29
Kuhnau, Johann
(1660–1722) 11 f., 15, 56, 68
Kühnel, Ambrosius
(1770–1813) 66

Ladegast, Friedrich
(1818–1905) 45
Lange, Gottfried
(1672–1748) 13
Lange, Johann
(1543–1616) 36, 44
Leibniz, Gottfried Wilhelm
(1646–1716) 42, 74

Leopold, Fürst von Anhalt-
Köthen (1694–1728) 21,
59, 97 f., 101
Löbelt, Caspar Friedrich
(1687–1763) 37
Locatelli, Pietro Antonio
(1695–1764) 62
Luise, Königin von Preußen
(1776–1810) 72
Luther, Martin
(1483–1546) 25, 44, 74, 104

Maria Amalia, Prinzesssin
von Sachsen (geb. 1724)
54
Maria Anna Josephina,
Prinzessin von Sachsen
(1728–1805) 54
Melanchthon, Philipp
(1497–1560) 25
Mempell, Johann Nicolaus
(1713–1747) 85
Meynell (Moorhouse),
Esther (wirkte um 1925)
22
Mendelssohn Bartholdy,
Felix (1809–1847) 41, 65,
71 f.
Mizler von Kolof, Lorenz
Christoph (1711–1778) 21,
54
Mozart, Wolfgang Amadeus
(1756–1791) 69
Müller, August Eberhard
(1767–1817) 43, 68, 86

Nathan, Sabine
(gest. 1612) 90

Neumann, Werner
(1905–1991) 83
Neumeister, Erdmann
(1671–1756) 111

Oeser, Adam Friedrich
(1717–1799) 43

Peters, C. F. (Musikverlag,
gegr. 1800) 66, 71, 78, 84 f.
Pohlmann, Heinrich (wirkte
um 1885) 100
Pölitz, Carl Heinrich Ludwig (1772–1838) 84
Preller, Johann Gottlieb
(um 1700–1749) 85

Rambach, Johann Jacob
(1693–1735) 90
Rath, Gisela Agnes von
(1669–1740) 97, 101
Reiche, Gottfried
(1667–1734) 54, 86
Rellstab, Johann Carl Friedrich (1759–1813) 65 f.
Richter, Bernhard Friedrich
(1850–1931) 32
Richter, Johann Zacharias
(1696–1764) 91
Riemer, Johann Salomon
(1702–1771) 52, 57
Rudorff, Ernst
(1840–1916) 85
Rust, Wilhelm
(1822–1892) 32

Sauer, Wilhelm
(1831–1916) 37

Scheibe, Johann
(um 1675 bis 1748) 36, 88
Scheibe, Johann Adolph
(1708–1776) 54
Schelle, Johann
(1648–1701) 12, 15, 31, 68
Schmid(ius), Johann
(1649–1731) 13
Schongauer, Martin
(um 1445 bis 1491) 38
Schott, Georg Balthasar
(1686–1736) 17, 46, 60, 62 f.
Schuke, Alexander (Orgelbaufirma in Potsdam seit
1820) 37
Schulze, Hans-Joachim
(*1934) 83, 89
Schumann, Robert
(1810–1856) 78
Schütz, Heinrich
(1585–1672) 111
Schwarz, Carl Benjamin
(1757–1813) 43
Schwarzenberger, Valentin
(wirkte um 1738) 45
Seffner, Carl Ludwig
(1861–1932) 44, 74 f.
Silbermann, Gottfried
(1683–1753) 102 ff.
Simrock, Nicolaus
(1751–1832) 70

Telemann, Georg Philipp
(1681–1767) 11 f., 18, 46, 60
Thayßner, Zacharias
(nachweisbar 1695 bis
1705) 45, 102

Traeg, Johann
(um 1747 bis 1805) 66
Trampeli (Orgelbauerfamilie
in Adorf) 45
Trost, Gottfried Heinrich
(um 1673 bis 1759) 106

Weinrich, Georg
(1554–1617) 39
Weiß, Silvius Leopold
(1686–1750) 3
Weiß, Christian
(1671–1736) 18, 40
Werner, George
(1682–1758) 29
Westphal, Johann Christoph
(1727–1799) 66

Wilcke, Anna Magdalena
siehe Bach, Anna Magdalena
Wilcke, Johann Caspar
(um 1660/65 bis 1731) 111
Winckler, Johann Heinrich
(1703–1770) 30
Wit, Paul Maria Guillaume
Joseph de (1852–1925) 87, 92
Woehl, Gerald (Orgelbau-
firma in Marburg) 37

Zachow, Friedrich Wilhelm
(1663–1712) 21
Zelter, Carl Friedrich
(1758–1832) 69
Zimmermann, Gottfried
(um 1692 bis 1741) 61, 63

Bildnachweis

Bildvorlagen im Bach-Archiv Leipzig, sofern nicht anders angegeben. Die Verwendung erfolgte mit freundlicher Genehmigung folgender Leipziger Institutionen: Stadtarchiv, Städtische Bibliotheken – Musikbibliothek und Stadtgeschichtliches Museum.

Bach-Archiv Leipzig S. 82 (Aufnahme: J. Kunstmann); 10, 25, 90, 91, 92, 94 (V. Bartholdt)
Concordia Seminary Library, St. Louis, Missouri S. 19
Internationale Bach-Akademie Stuttgart S. 23
Kirchgemeinde St. Thomas-Matthäi S. 40 links (S. Schmidt); 40 rechts (P. Friedrich)
Kluge, Hans-Dieter, Espenhain S. 86
Mothes, Gerd, Leipzig S. 6, 38 links, 39 rechts, 76
Musikinstrumentenmuseum der Universität Leipzig S. 87 (J. Stekovics)
Punctum, Bildagentur SU, S. 8, 27, 34, 36, 43, 45, 48, 50, 64, 96, 112
Wenzel, Marion, Leipzig S. 108